TRAITÉ PRATIQUE

DU

DIVORCE

Commentaire de la loi du 29 Juillet 1884

AU POINT DE VUE DE SES APPLICATIONS PRATIQUES

suivi d'un

FORMULAIRE PARTICULIER A LA PROCÉDURE DU DIVORCE

PAR

LEOPOLD GOIRAND

Avoué près le Tribunal civil de la Seine

Prix : 4 fr. 50

PARIS

LIBRAIRIE COTILLON

F. PICHON, SUCCESSEUR, IMPRIMEUR-ÉDITEUR

Librairie du Conseil d'État

24, Rue Soufflot, 24

1884

TRAITÉ PRATIQUE

DU

DIVORCE

OUVRAGES DU MÊME AUTEUR

Commentaires du Code de commerce et des lois commerciales françaises en langue anglaise : Steevens et Sons éditeurs, 23, Chancery lane, London, et à Paris, Marchal et Billard, 27, place Dauphine : un volume grand in-8° de 900 pages, édition de luxe, prix.......... 32 fr.

SOUS PRESSE

Histoire contemporaine d'Angleterre (1844-1880), en cinq volumes traduit de Mac Carthy : *history of our times.* Les deux premiers volumes paraitront le 1er novembre 1884 et les autres dans le courant de 1885.

TRAITÉ PRATIQUE

DU

DIVORCE

Commentaire de la loi du 29 Juillet 1884

AU POINT DE VUE DE SES APPLICATIONS PRATIQUES

suivi d'un

FORMULAIRE PARTICULIER A LA PROCÉDURE DU DIVORCE

PAR

LÉOPOLD GOIRAND

Avoué près le Tribunal civil de la Seine

Prix : 4 fr. 50

PARIS

LIBRAIRIE COTILLON

F. PICHON, SUCCESSEUR, IMPRIMEUR-ÉDITEUR

Librairie du Conseil d'État

24, Rue Soufflot, 24

1884

PRÉFACE

La législation de presque tous les peuples a consacré l'institution du divorce comme le meilleur remède aux maux privés et aux scandales publics qui naissent fatalement de la désunion des époux.

Nous trouvons établi le divorce chez les Hébreux et le Deutéronome de Moïse l'a organisé.

Il existait en Grèce dans les diverses nationalités au moins dès l'origine des temps historiques.

A Athènes, les historiens des temps les plus reculés mentionnent les lois qui en déterminaient l'usage ou en réprimaient l'abus ; les auteurs dramatiques en tiraient des effets scéniques au moins aussi émouvants que ceux de nos auteurs modernes et les poètes comiques stigmatisaient déjà les intrigantes qui s'introduisaient dans les ménages réguliers pour en tirer un bénéfice inavouable.

Deux sortes de divorce existaient à Athènes : le divorce par consentement mutuel qui était le plus répandu, grâce à son extrême simplicité et le divorce unilatéral, c'est-à-dire requis par l'un ou l'autre des époux.

Ce dernier divorce devait, lorsqu'il était demandé par la femme, avoir pour base une cause légitime. Mais le mari pouvait, par un simple acte de volonté, répudier sa femme, avec cette circonstance cependant que si celle-ci justifiait d'un renvoi arbitraire de la part de son mari, elle avait droit à des aliments et à la restitution de sa dot.

Sparte se distinguait spécialement par l'établissement d'une cause spéciale de divorce que l'esprit de la constitution lacédémonienne avait nécessairement inspirée. Le principal objet du mariage étant de fournir à la République de nombreux citoyens, la stérilité de la femme qui était une honte dans un pareil état devait, par suite être considérée comme une cause grave de divorce entre les époux.

Le divorce paraît avoir été admis à Rome presque dès l'origine, mais il ne devint d'un usage général que vers l'époque des guerres puniques. Le déplorable abus qu'on en fit sous les empereurs amena dans la législation l'établissement d'un grand nombre de dispositions impuissantes à arrêter le torrent de la dépravation commune.

Avant que le caprice fût la seule règle, les formalités légales auxquelles il fallait recourir, correspondaient aux divers modes de mariages qui étaient, à Rome, plus nombreux que chez aucun autre peuple.

Les causes du divorce étaient, contre le mari, notamment les sévices et l'adultère public ; mais contre la femme, de simples griefs parurent souvent suffisants pour entraîner la dissolution du lien conjugal. La loi prévoyait surtout contre celle-ci l'adultère, la tentative d'empoisonnement, l'ivresse, le désordre dans la direction des affaires de la maison et l'infidélité.

Les effets du divorce s'appliquaient spécialement à la dot de la femme. Lorsque le divorce était prononcé contre le mari, il était tenu de restituer immédiatement la dot et il n'avait pas le droit d'en retenir une portion pour l'entretien et l'éducation des enfants. Si au contraire, le divorce avait été prononcé contre la femme pour des faits coupables, le mari retenait la dot toute entière comme réparation du préjudice causé, dans le cas où il y avait des enfants issus de l'union.

L'introduction et le développement du Christianisme dans le monde romain eurent pour première conséquence de faire réduire les causes de divorce et plus tard en amenèrent la suppression presque totale.

Il y eut bien dans le principe, une opposition assez vive de la part des juriconsultes catholiques qui prétendaient puiser des arguments en faveur du divorce dans les Evangiles eux-mêmes et il faut avouer que l'obscurité de certains textes semblait se prêter à l'interprétation qu'on en voulait tirer.

Mais le Concile de Trente vint bientôt formuler la doctrine catholique d'une façon très nette en menaçant des foudres de l'anathème, quiconque soutiendrait que l'interprétation donnée par l'Eglise était erronée.

La séparation de corps régna seule alors dans tous les états européens qui reconnaissaient la souveraineté spirituelle du pape et des conciles ; et si la dissolution du lien conjugal continua, malgré tout de subsister dans ces états, ce ne fut pas sous la forme du divorce, mais sous forme de nullités de mariage dont l'église seule eut le privilège de constater l'existence et la nature.

Ce droit tout exceptionnel n'existait qu'au profit exclusif des classes élevées; il était créé surtout pour la commodité des princes, que l'utilité politique ou simplement leurs faiblesses et leurs passions poussaient à rechercher une alliance nouvelle.

L'histoire de notre pays est pleine de ces divorces autorisés ou tolérés par la papauté aux époques obscures du moyen âge sous forme de nullités.

Les nullités de mariage, si nombreuses et si variées présentaient en effet une porte large ouverte à la fantaisie et au caprice et l'on ne saurait dire au juste si ce mode de dissolution du mariage n'a pas produit, dans les nations où il a reçu son application, des effets plus désastreux que le divorce franchement organisé.

La Révolution française, qui brisa ouvertement avec tout le passé politique de la France, organisa le mariage sur des bases nouvelles et le divorce apparut comme une nécessité dans les cas de désunion certaine et absolue des époux.

Il y a eu en France deux lois sur le divorce : la loi du 20 septembre 1792 et la loi de 1803.

La loi de 1792 qui permettait à l'un des époux de divorcer, malgré la volonté de l'autre, sur la simple allégation d'incompatibilité d'humeur ou de caractère, a été l'objet, à toutes les époques postérieures, des plus vives critiques dont on ne saurait, sans parti pris, méconnaître la justesse.

Elle avait, en effet, posé en principe que le mariage était une atteinte portée à la liberté individuelle, l'aliénation d'un des droits les plus sacrés que venait d'affirmer la Révolution française.

La loi de 1792 admettait en outre parmi les causes du divorce : 1° la démence, la folie ou la fureur de l'un des époux ; 2° la condamnation de l'un des époux à une peine afflictive ou infamante ; 3° les crimes, délits ou injures graves de l'un des conjoints envers l'autre ; 4° le dérèglement de mœurs notoire ; 5° l'abandon de la femme par le mari ou du mari par la femme pendant deux ans au moins : 6° l'absence de l'un deux, sans nouvelles au moins pendant cinq ans ; 7° l'émigration dans les cas prévus par les lois et, en particulier par le décret du 8 avril 1792.

Cette même loi admettait encore le divorce par consentement mutuel, mais avec des formalités d'une si grande simplicité, que cette forme du divorce devint dans la pratique l'occasion de scandaleux abus.

Les époux n'avaient qu'à se présenter devant un conseil de famille auquel ils exposaient leurs intentions, et si ce conseil ne pouvait les réconcilier, ils étaient en droit, après le délai d'un mois de divorcer.

Plus tard, une loi du 4 juin 1798, poussant plus loin les principes émis dans la loi de 1792, autorisa la femme à contracter un nouveau mariage aussitôt après son divorce, lorsque le mari avait quitté son domicile et sa femme depuis dix-huit mois. Enfin, si un des époux avait délaissé son conjoint sans donner de ses nouvelles, le divorce pouvait être prononcé contre l'époux absent, sans même qu'il fût besoin de l'appeler en justice.

Les effets de cette loi ne tardèrent pas à se manifester : vingt mille divorces furent prononcés depuis l'époque de sa promulgation jusqu'à l'an V. de la République. Il y eut même, à cette période, une sorte de réprobation générale provoquée par certaines décisions de justice qui heurtèrent violemment le sentiment public.

On a souvent cité à ce sujet, les débats qui s'engagèrent à l'occasion d'une accusation de bigamie. Le système adopté par le prévenu n'était pas dépourvu d'une certaine étrangeté. Il prétendait que, sous le régime de la loi en vigueur, le lien conjugal étant à la merci des époux, le devoir n'était qu'une fantaisie et n'obligeait qu'autant qu'il s'accordait avec le caprice de celui qui devait le remplir. Il ajoutait que, dans l'espèce, sa volonté de divorcer, seule suffisante pour opérer le divorce, résultait expressément de l'acte de nouveau mariage qu'il venait d'accomplir et que, par suite, il ne pouvait être passible d'aucune peine.

La loi consulaire de 1803 est partie d'un principe tout différent de celui qui avait inspiré la loi de 1792. Sous l'empire de cette loi, le divorce ne pouvait être prononcé que pour causes déterminées ou à raison du consentement mutuel et persévérant des époux, exprimé d'une manière spéciale et accompagné de preuves suffisantes pour établir que la vie commune était insupportable. Les causes déterminées étaient ramenées à un très petit nombre qui, d'ailleurs, ont été conservées pour motiver la séparation de corps dans la loi de 1816; c'étaient: l'adultère de la femme; l'adultère du mari, lorsqu'il entretenait sa concubine dans le domicile conjugal, la condamnation de l'un des époux à une peine infamante, les excès, les sévices, les injures graves de l'un des époux envers l'autre.

La législation de 1803, par un motif qu'inspirèrent les préoccupations politiques du gouvernement avait rétabli la séparation de corps pour ôter tout prétexte aux attaques violentes que la loi du divorce avait soulevées parmi les catholiques.

Les époux divorcés ne pouvaient se remarier entre eux et dans le cas de divorce pour cause déterminée, la femme ne pouvait se remarier que dix mois après le divorce prononcé.

Enfin, lorsque le divorce était motivé par l'adultère, la loi interdisait à l'époux coupable d'épouser son complice.

Le divorce par consentement mutuel avait été conservé, mais il avait été entouré de formalités qui en rendaient l'obtention difficile.

« Citoyens législateurs, disait Treilhard dans la discussion législative, parmi les causes déterminées de divorce, il en est quelques-unes d'une telle gravité, qui peuvent entraîner de si funestes conséquences pour l'époux défendeur, (telles, par exemple, que les attentats à la vie) que des êtres doués d'une excessive délicatesse préféreraient les plus cruels tourments, la mort même, au malheur de faire éclater ces causes par des plaintes judiciaires. Ne convenait-il pas, pour la sûreté des époux, pour l'honneur des familles toujours compromis, quoiqu'on puisse dire, dans ces fatales occasions, pour l'intérêt même de toute société, de ne pas forcer une publicité non moins amère pour l'innocent que pour le coupable. »

L'argument est, il faut le reconnaître, d'un bien grand poids et, si l'on ajoute que pendant tout le temps que la faculté de divorcer par consentement mutuel a existé en France, ni la morale publique, ni la dignité du mariage n'ont été ébranlés, on comprend que ce mode de divorce ait été vigoureusement défendu à la Chambre des députés lors de la discussion de notre récente loi sur le divorce.

La loi de 1816, qui abrogea chez nous le divorce, ne releva contre cette institution qu'un seul grief, son origine anti-religieuse.

Aussi, lorsque M. Naquet proposa, en 1876, le rétablissement du divorce, les adversaires les plus ardents de son projet furent les députés catholiques ; leurs arguments étaient d'un ordre purement théologique.

« Vous ne pouvez pas voter le divorce, s'écriait « M. Freppel, parce que le lien du mariage est de son « essence indissoluble et que, d'ailleurs, n'étant point « créé par la loi, il ne saurait être dissous par elle. »

Ce ne fut sans doute pas la seule valeur de cette argumentation qui détermina l'échec du projet de loi de M. Naquet la première fois qu'il le présenta à la Chambre des députés ; la question apparaissait alors d'une façon toute imprévue, et on peut dire qu'elle surprit en quelque sorte l'opinion publique : il fallut toute l'énergie de son promoteur, sa propagande incessante et l'agitation qu'il sut faire naître sur tous les points du territoire pour dissiper en peu d'années les erreurs et les préventions qui, sous l'influence des passions politiques et religieuses, avaient obscurci la question et l'avaient en quelque sorte dérobée au bon sens de l'opinion publique.

Il fallut lutter non seulement contre les passions religieuses, mais encore contre les préjugés qu'avaient entretenu dans le public le souvenir toujours vivant de certains faits historiques dont son imagination était demeurée frappée ; nul doute que le divorce de Napoléon par les conditions brutales dans lesquelles il s'était accompli, n'ait puissamment contribué à établir dans la conscience des masses une confusion absolue entre le divorce légal et le droit de répudiation.

Après huit années de discussion, l'opinion publique d'abord hésitante était ralliée ; et la loi était enfin votée. Telle qu'elle est sortie de la double épreuve parlementaire, elle constitue certainement un progrès dans notre législation, en ce sens qu'elle est l'affirmation nouvelle de la souveraineté du droit civil dans le contrat matrimonial ; cependant, son application justifiera sans doute les critiques que nous formulons au cours de cet ouvrage : il est, en effet, permis de douter que toutes les dispositions qui concernent la procédure, le simple adultère du mari comme cause de divorce, la faculté laissée aux tribunaux d'accueillir ou rejeter la demande de conversion de la séparation en divorce, l'interdiction de reproduction des débats sur les instances en divorce et en séparation decorps, puissent prendre une place bien stable dans notre législation.

Ces imperfections apparaîtront comme les conséquences inévitables des préoccupations politiques sous l'empire dequelles la loi a été élaborée. Il n'y a, en effet, aucune témérité à supposer qu'en votant le divorce, le Sénat a sacrifié aux soucis que lui causent les projets révisionnistes et au désir bien naturel d'inscrire à son actif une preuve de libéralisme et d'indépendance philosophique qu'il aura peut-être bientôt l'occasion d'invoquer. Ainsi s'expliquerait le vote de la loi par une majorité dont personne ne soupçonnait l'importance et dont on peut dire qu'elle s'ignorait elle-même. Pour que la Chambre des députés ait accepté sans examen et sans discussion la loi tronquée et défigurée que lui renvoyait le Sénat, il a fallu qu'elle cédât à une nécessité bien impérieuse; s'est-elle inspirée de cet esprit de sagesse et de modération qui consiste à se contenter de la partie quand on ne peut obtenir le tout; ou bien, à la veille de retourner en vacances et de se trouver en face des électeurs, a-t-elle jugé que son œuvre législative était un peu légère et qu'il lui fallait au moins la lester d'une loi bien et dûment votée par les deux Chambres et promulguée par le pouvoir exécutif? Nous ne trouvons aucun intérêt à trancher la question, mais c'est certainement aux circonstances politiques que nous devons de voir renaître en 1884 une loi surannée jusqu'en ses moindres détails, et qui, sous quelques ajustements modernes, dissimule assez mal sa tournure caduque et vieillotte. Ce sera le devoir du gouvernement de saisir ultérieurement la chambre d'un projet modicatif dont il puisera les dispositions dans les difficultés pratiques qui ne peuvent tarder à se révéler.

Quoiqu'il en soit de ces modifications que l'avenir nous réserve, la loi du divorce existe. Il est facile de prévoir qu'il va en être fait un usage immédiat, peut-être immodéré. Elle présente plus d'une obscurité; on rencontrera des difficultés aussi bien dans l'interprétation du texte que dans l'exécution des formalités qu'il prescrit.

Il était intéressant d'entreprendre une étude de

cette loi au moment même où l'application allait en être commencée, d'éclairer les premiers tâtonnements de la pratique en rapprochant du texte de la loi les commentaires qu'ont fait du Code de 1804, les maîtres les plus éminents dans la science juridique, enfin de contrôler leurs opinions par la jurisprudence la plus récente des tribunaux Français et Belges, avec la préoccupation constante d'éviter les controverses de pure doctrine, pour s'attacher aux solutions concrètes et tangibles. Si imparfait que soit cet ouvrage, il pourra être consulté avec quelque fruit, par ceux qui les premiers auront à faire l'application de la loi nouvelle; il pourra, en tous cas, faciliter les études plus approfondies auxquelles dans l'avenir donnera naissance, la loi la plus considérable, par ses conséquences sociales, qu'ait produit le mouvement démocratique de notre époque.

Je l'offre au public, et en particulier à mes confrères, moins comme une œuvre de science que comme le tribut modeste de mes efforts quotidiens dans l'exercice de la profession à laquelle je m'honore d'appartenir.

LIVRE PREMIER

DES CAUSES DU DIVORCE

CHAPITRE PREMIER

Des Causes proprement dites

SOMMAIRE :

SECTION PREMIÈRE. — Observations générales.
SECTION II. — Adultère.
SECTION III. — Excès, sévices, injures graves.
SECTION IV. — Condamnation de l'un des époux.
SECTION V. — Séparation de corps, prolongée pendant plus de trois ans.

SECTION PREMIÈRE. — Observations générales

1. Les Causes de divorce, c'est-à-dire les faits qui sont de nature à motiver une demande en divorce étaient déjà prévus par le code civil de 1804. La loi du 19 juillet 1884, en rétablissant le divorce en France, n'a fait que remettre en vigueur les dispositions du titre VI du Code civil abrogées par la loi du 8 mai 1816, en leur apportant toutefois plusieurs modifications.

En effet, le consentement mutuel, inscrit dans le code de 1804 (1) comme cause de divorce, a été écarté par le législateur de 1884 (2), qui l'a considéré comme un procédé trop commode pour arriver à la rupture des liens conjugaux ; l'adultère, la condamnation de l'un des époux et la séparation de corps prolongée pendant plus de trois ans, quoique conservés comme causes du divorce, se présentent cependant dans la nouvelle loi avec des modifications graves, sur lesquelles nous aurons à insister plus loin. Il ne reste donc comme intacts dans les dispositions du Code civil, relatives aux causes du divorce, que les articles 229 et 231 qui visent l'adultère de la femme et les excès, sévices et injures graves.

SECTION II. — De l'Adultère

ART. 229. — *Le mari pourra demander le divorce pour cause d'adultère de sa femme.*

ART. 230. — *La femme pourra demander le divorce pour cause d'adultère de son mari.*

(1) L'art. 233 du Code civil de 1804 était ainsi conçu : « Le « consentement mutuel et persévérant des époux, exprimé de la « manière prescrite par la loi, sous les conditions et après les « épreuves qu'elle détermine, prouvera suffisamment que la vie « commune est insupportable, et qu'il existe, par rapport à eux, « une cause péremptoire de divorce. »

(2) L'article premier de la loi du 19 juillet 1884 est ainsi conçu : « La loi du 8 mai 1816 est abrogée. — Les dispositions du Code « civil abrogées par cette loi sont rétablies à l'exception de celles « qui sont relatives au consentement mutuel, etc., etc.

SOMMAIRE :

I. — Modifications apportées par la loi de 1884 au texte du Code. Conséquences de ces modifications.
II. — L'adultère est une cause de divorce quand même l'époux coupable n'aurait pas été surpris en flagrant délit.
III. — La défense de rechercher la paternité ou de constater une filiation adultérine n'enlève pas à la femme son action en divorce.

I. — L'adultère est une cause de divorce pour l'un et l'autre époux.

Le nouvel article 230 nous présente sur ce point une innovation fort importante. En effet, tandis que le code civil de 1804 déclarait que l'adultère de la femme, serait toujours une cause de divorce, celui du mari ne le devenait qu'au cas où il aurait tenu sa concubine dans la maison commune ; la nouvelle loi, au contraire, assimile la condition du mari à celle de la femme et déclare que l'adultère sera pour les deux époux une cause de divorce.

L'innovation est importante et les conséquences pratiques très graves.

Sans doute, d'après la jurisprudence en vigueur avant la promulgation du nouvel article 230, l'adultère du mari pouvait donner droit à la femme de demander le divorce, mais le divorce obtenu l'était pour injures graves; et, dans cette matière, les juges ont un large pouvoir d'appréciation. Il en résultait que l'adultère du mari n'était pas toujours une cause de divorce: car les juges pouvaient estimer que les circonstances dans lesquelles il était commis lui enlevaient tout caractère injurieux pour la femme.

Sous l'empire du nouveau texte, ce pouvoir discrétionnaire du juge disparaît; et il doit prononcer le divorce pour cause d'adultère du mari — toutes les fois qu'il se trouve dans des circonstances telles qu'il l'aurait prononcé, si le mari l'avait demandé pour cause d'adultère de sa femme, c'est-à-dire quels que soient le lieu et les circonstances dans lesquels il a pu se produire.

II. — L'adultère en lui-même est une cause de divorce indépendamment du mode de preuve par lequel il peut être établi : ainsi il a été jugé qu'il n'est pas nécessaire que l'époux coupable soit trouvé en flagrant délit d'adultère pour que son conjoint ait le droit de demander le divorce pour cette cause; en d'autres termes, la preuve de l'adultère peut se faire soit directement et principalement, soit indirectement (1) et par tous les moyens applicables aux autres causes de divorce.

III. — Une espèce très intéressante, qui implique la solution d'une question fort délicate s'est posée devant la Cour de Bruxelles : Un mari avait eu des relations avec une fille logée au domicile conjugal (c'était la nièce de sa femme); de ces relations était né un enfant pour lequel le mari témoignait une affection toute paternelle; la femme lui intenta une action en divorce pour cause d'adultère.

La demande présentait une double difficulté : la femme n'avait pas la preuve directe de l'adultère de son mari; elle voulait en conséquence, prouver la paternité de cet enfant par les aveux réitérés et par

(1) *V.* Bordeaux, 27 février 1807. Sir. 7, 2, 163; Riom, 9 novembre 1810; Colmar, 20 juin 1812; Dalloz J. G. Verb. sep. de corps. Nos 258, 440; 3° 481;

les témoignages d'affection paternelle dont il était l'objet ; or elle se heurtait à une double objection : 1° La recherche de la paternité est interdite. (Art. 340 C. Civ.) 2° La constatation d'une filiation adultérine est interdite. (Art. 342. C. Civ.) Cette dernière difficulté peut au besoin être écartée par un rapprochement entre le cas qui nous occupe et celui de désaveu de paternité (Art. 312 et suivants du C. Civ.) ; en effet, lorsque le mari a la preuve que l'enfant né de sa femme n'est pas issu de ses œuvres, il peut désavouer cet enfant et arriver ainsi à la constatation d'une filiation (maternité) adultérine ; cette preuve est parfaitement permise ; pourquoi en serait-il autrement dans l'espèce qui nous occupe ? Cette objection écartée, il nous reste toujours la première, c'est-à-dire la prohibition de rechercher la paternité. La Cour de Bruxelles, dans un arrêt très bien motivé, a déclaré que la prohibition, soit de rechercher la paternité, soit de constater une filiation adultérine, ne met pas obstacle à ce que la femme prouve l'adultère de son mari. (1)

SECTION III. — Excès, sévices, injures graves.

ART. 231. — *Les époux pourront réciproquement demander le divorce pour cause d'excès, sévices, injures graves de l'un deux envers l'autre.*

(1) *V.* Bruxelles, 21 février 1883 ; Dalloz, 53, 2, 139.
Paris, 11 juillet 1812,, Sirey a. 12, 2, 425 et Dalloz, V° séparation de corps n° 69.

SOMMAIRE

I. — Définitions. Pouvoir d'appréciation des juges.
II. — Divers cas particuliers.
III. — Abandon du domicile conjugal.

Les expressions excès, sévices, et injures graves — ont une portée des plus générales qui laisse au juge un pouvoir d'appréciation presque souverain.

On peut cependant dire que :

Les excès sont des actes de violence qui passent toute mesure et qui peuvent mettre en danger la vie de l'époux (1).

Les sévices sont des actes de cruauté, en général de mauvais traitements qui rendent la vie commune insupportable. (2)

« Quant à l'injure, dit Marcadé, (sur l'art. 306. « T. III) elle se présente sous des formes trop diverses, « et ne comprend d'ailleurs trop clairement pour

(1) *V.* Marcadé sur l'art. 306, III. Aubry et Rau, t. 5 p. 175 Dalloz J. G. v° sép. de corps n° 23 ;

Cette définition du mot excès résulte des travaux préparatoires du Code. Le projet présenté au Tribunat contenait un article ainsi conçu :

« L'attentat de l'un des époux à la vie de l'autre sera pour ce « dernier une cause de divorce. »

(*V.* Locré, *V.* p. 103 n° 7). Le Tribunat objecta que cet article, tel qu'il est formulé, met l'époux demandeur en divorce dans la nécessité de diriger contre son conjoint une accusation entraînant une peine très grave pour ce dernier (Locré *V.* p. 261 et 262 n° 2). L'article fut supprimé et pour distinguer les attentats des simples sévices, le mot excès fut introduit dans l'art. 231, où il ne se trouvait pas auparavant. Aubry et Rau *V.* p. 175. Note 8.

(2) *V.* Marcadé sur l'article 306, III ; Aubry et Rau *V.* p. 175 texte et note 9; Duranton II, Nos 551 et 552 ; Merlin. Rep. v° Sép. de Corp. I. n° 3.

« que nous cherchions à caractériser les faits qui la « constituent ».

Mais, en cette matière, le juge aura un large pouvoir d'appréciation, il aura égard à la position sociale des époux, à leur éducation et aux autres circonstances de fait qui pourront se présenter. (1)

II. — Les cas si variés qui se sont présentés en pratique ont été résolus par les considérations que nous venons de rappeler. Ainsi les lettres outrageantes constituent-elles une injure ?

Il faut distinguer : elles peuvent constituer une injure grave, si elles sont adressées par l'un des époux à son conjoint, alors même qu'elles n'ont reçu aucune publicité (2), si, au contraire, les lettres outrageantes sont confidentielles et adressées à un des parents de l'époux outragé, et si du reste, le conjoint qui en est l'auteur est sans instruction, elles peuvent être considérées comme dépourvues du caractère injurieux. (3)

C'est en s'appuyant sur ce pouvoir discrétionnaire que la cour de Chambéry est allée jusqu'à dire que : « Le mari ayant le droit et le devoir de diriger sa « femme, de compléter son éducation en morale,

(1) Duranton, II, n° 552 ; Vazeille, II, n° 541 ; Demante, II, p. 8; n° 7 *bis*, 1 ; Marc. sur l'art. 306, III ; Demolombe, IV, n° 385, Aubry et Rau, *V.* p. 177 ; Merlin, Rép. *V.* Sép. de corps, I, n° 3 ; Douai, 10 avril 1872, Sir. 72, 2, 231.

(2) *V.* Poitiers 29 juillet 1806, Sir. 6, 2, 191 ; Cir. Cass. 9 novembre 1830, Dalloz, 30, 1, 398 ;

(3) *V.* Bourges, 11 janvier 1835, Dalloz. J. G., *V.* Sép. de corps, n° 391 ; Aix, 17 décembre 1834, Sir. 35, 2, 172. Trib.. de Charleville, 17, thermidor an XI S. a. 4, 2, 101, et Metz 6 pluviose S. 1, 2, 175.

« lorsqu'elle est jeune, et de prendre avec amour, « mais avec fermeté, les moyens nécessaires pour « cela, il s'ensuit qu'on ne saurait toujours ranger « parmi les injures et sévices graves, les actes de « correction ou même de vivacité maritale (1). »

On a été jusqu'à juger que le refus par l'un des époux de consentir à la bénédiction religieuse du mariage, peut constituer une injure grave (2) et cela alors même que la célébration religieuse n'est réclamée qu'après un grand nombre d'années pendant lesquelles les époux auraient vécu séparés de fait (3).

III. — Il est généralement admis que l'abandon du domicile conjugal par l'un des époux constitue une injure grave de nature à motiver, en faveur de son conjoint, une demande en divorce (4). C'est à ce pro-

(1) *V.* Chambéry, 4 mai 1872, Sir. 73, 2, 217, (Dall. 73, 2, 129), Note.

(2) Trib. civ. de Trèves, 1845, Sir. 47, 2, 418, note; Demolombe, IV, n° 390 ; Aubry et Rau, *V.* p. 176. Contrà : t. Laurent, III, n° 166.

(3) Angers, 29 janvier 1859, Sir. 59, 2, 77.

(4) *V.* Caen, 29, 1859 et Cass. 6 février 1860, Sir. 61, 1, 72, (Dall, 60, 1, 122); Paris, 9 avril 1875, Sir. 75, 2, 133; Aubry et Rau, *V.* p. 176, note 14.

Il a du reste été jugé que le mari qui n'a abandonné sa femme que pour se retirer chez ses parents après lui avoir laissé une certaine somme pour satisfaire à ses premiers besoins et lui avoir envoyé un médecin ou une sage-femme pour la soigner, n'a pas commis une injure grave pouvant motiver le divorce. Tribunal de Charleroi, 4 juin 1873, *Pasicrisie* 1873, 2, 351. Bruxelles, 29 juin 1874 *Pasicrisie*, 1875. 2, 129.

V. contra Bruxelles, 23 juillet 1873 *Pasicrisie*, 1873, 2, 351.

pos que s'élève une controverse célèbre en doctrine et en jurisprudence, que nous ne pouvons passer sous silence.

Dans le cas d'abandon du domicile conjugal ou dans le cas de refus par le mari de recevoir sa femme, il est hors de doute que la femme a une action en divorce pour injure grave.

En théorie, on n'envisage pas l'hypothèse, et la pratique ne nous montre pas d'exemple où la femme ait voulu contraindre son mari à réintégrer le domicile conjugal. Au contraire, dans l'hypothèse inverse on s'est demandé si, en dehors du droit pour le mari de demander le divorce pour injure grave, il n'a pas des moyens de coercition à l'aide desquels il pourrait contraindre la femme à réintégrer le domicile conjugal. On est d'accord pour dire que le mari est, dans ce cas, en droit de refuser toute pension alimentaire à sa femme; il a même été jugé que le refus par la femme de réintégrer le domicile conjugal peut donner lieu à une condamnation en dommages-intérêts prononcée contre elle au profit de son mari (1).

Mais les droits du mari s'arrêtent-ils là? De nombreux arrêts décident que le mari peut, en outre, saisir les revenus de sa femme pour la contraindre ainsi, indirectement, à venir habiter avec lui (2), et

(1) V. Cour. prov. de la Gueldre, 6 juin 1849, Dall. 52, 2, 106; Nîmes, 20 février 1862, Dall. 63, 2, 194.

(2) V. Aix, 29 mars 1831, Sir. 33, 2, 92; Paris, 14 mars 1834. Sir 34, 2, 159; Caen, 14 août 1848, Dall. 50, 2, 185. Paris. 27 janvier 1855, Dall. 55, 2, 203; Nîmes, 10 juin 1862, Sir. 63, 2, 161, (Dall. 63, 2, 195); 20 février 1862; Dall. 63, 2, 194; Dall. J. G., V. Mariage, n° 758 et 761.

cette opinion admise par un grand nombre de jurisconsultes (1) n'est pas sans rencontrer des contradicteurs (2).

Mais la difficulté ne s'arrête pas là, car ce moyen, si énergique qu'il soit, peut être inefficace. On se demande alors si le mari peut contraindre sa femme à réintégrer le domicile conjugal par l'emploi de la force publique ou comme on dit encore *etiam manu militari*. Les tribunaux ont été jusqu'en 1884 presque unanimes (3) à accorder ce droit au mari, en alléguant à l'appui de leur système, qu'il n'existe aucun moyen plus efficace que la force publique pour contraindre la femme à accomplir ses devoirs, qu'une séparation de corps prononcée contre la femme récalcitrante pourrait ne pas atteindre le but véritable de la loi, et que, d'ailleurs, une condamnation pécuniaire serait des plus immorales (4). Cette opinion a été appuyée par un grand nombre d'auteurs (5). Cependant le système contraire (6) qui comptait aussi

(1) *V.* Demante. I, n° 297 *bis*, III; Demolombe, *V.* n° 105, Aubry et Rau V. 471, p. 128.

(2) *V.* Duranton, II, n° 439; Marcadé sur l'art. 214, II; Laurent III, n° 91;

(3) Il n'y avait que deux arrêts en sens contraire : Toulouse, 21 août 1818 et Colmar, 10 juillet 1833, (Sir. 34, 2, 127), *V.* Code, deux arrêts de la Cour provinciale de la Gueldre, 6 juin 1859 et de la Hollande méridionale, 6 janvier 1850, Dall. 52, 2, 105.

(4) *V.* Paris, 31 mars 1855, Sir. 55, 2, 497; Pau, 11 mars 1863, Sir, 63, 2, 97, (Dall. 63, 2, 193 et note).

(5) *V.* Vazeille, II, n° 293; Toullier, XIII, n° 109; Valette sur Proudhon, I, n° 453; Marc. sur l'art. 214, II, Demol, IV, n° 107; Aubry et Rau, V. p. 471, note 7; Demante, I, n° 2 *bis* II.,917

(6) *V.* Duvergier, sur Toullier, I, n° 616, note 1; Laurent, III, n° 93; Paul Pont, Revue critique, 1851, *V.* 594 et 1852, p. 530.

de nombreux partisans finit par triompher tout dernièrement devant la Cour d'appel d'Aix, laquelle statuant en appel sur une ordonnance de référé du président du tribunal de Toulon, a refusé au mari le moyen de coercition *manu militari* que lui avait accordé le président du tribunal.

La Cour rappelle qu'un texte est nécessaire pour permettre au juge d'accorder au mari le concours de la force publique ; cette mesure, dit-elle, ne peut non plus s'induire de l'esprit de la loi et ne résulte pas des travaux préparatoires du Code. D'ailleurs, forcer la femme, *manu militari*, à réintégrer le domicile conjugal ne serait d'aucune utilité, puisque à peine réintégrée, rien ne l'empêcherait de le déserter de nouveau. La Cour d'Aix ajoute qu'une telle mesure, légitime à certaines époques et dans certains pays, ne l'est certainement pas aujourd'hui en France, où le respect de la liberté individuelle est une des bases du droit public (1).

(1) Voici la partie de l'arrêt d'Aix, du 22 mars 1884 (*Gazette du Palais et du Notariat* 84 1.773), qui a trait à notre matière :

Attendu que le droit pour le mari de faire emploi de la force publique pour obliger la femme de réintégrer au domicile conjugal, n'existe ni dans l'esprit, ni dans le texte de la loi ; — Qu'il est prouvé par la discussion de l'art. 214 au Conseil d'État, que le premier Consul, en déclarant que la femme était obligée, d'une manière absolue, de suivre son mari, s'était borné à dire que le mari aurait le droit, comme moyen coercitif, de lui refuser des aliments ; — Qu'aucun orateur n'a parlé de la contrainte par corps et que M. Boulay a ajouté que les difficultés devraient être abandonnées aux mœurs et aux circonstances ; — Qu'il n'est pas au pouvoir des tribunaux de créer des peines et que dans le silence de la loi ils doivent se borner aux seuls moyens d'exécution qu'elle leur ait permis d'employer, tels que

SECTION IV. — Condamnation de l'un des époux.

Art. 232. — *La condamnation de l'un des époux à une peine afflictive et infamante, sera pour l'autre une cause de divorce.*

la perte pour la femme de ses revenus et la dispense du mari de pourvoir à ses besoins ; — Que, quand même la femme échapperait à tout, ce ne serait pas un motif d'admettre la contrainte par corps, puisque ce mode d'exécution n'est pas autorisé par la loi ; — Attendu, d'ailleurs, que le juge ne doit pas chercher un moyen coercitif qui assure simplement le retour de la femme au domicile conjugal, mais un moyen qui assure la continuité d'habitation ; — Que l'arrestation de la femme ne procurerait pas ce résultat, puisqu'une fois déposée par la force armée dans ledit domicile, elle pourrait s'en éloigner l'instant après ; — Que son second départ et tous ceux qui pourraient suivre constituant des faits nouveaux n'ayant pu être réglés par la première ordonnance de référé, il en résulterait pour le mari l'obligation de recourir à l'autorité du juge autant de fois qu'il se produirait de départs et le droit de faire opérer une série d'arrestations aussi funestes à l'avenir du ménage qu'à la morale publique et à l'autorité du magistrat ; — Que cette considération suffit à démontrer l'inefficacité de la contrainte par corps et qu'elle anéantit l'argument invoqué par ses partisans : « Qu'il importe à la dignité de la justice que ses décisions soient exécutées. »

Attendu, enfin, qu'au cas d'inefficacité des moyens pécuniaires, il est plus conforme à nos mœurs d'admettre que le mari qui n'aurait pas démérité d'une manière trop grave, obtiendra plutôt de la réflexion ou de l'intervention d'amis de la famille, le retour volontaire de sa femme, que par l'effet scandaleux d'une arrestation.

Que pour trouver cette mesure légitime, il faut se rapporter à d'autres temps.

Par ces motifs, etc., etc.

SOMMAIRE :

I. — La condamnation de l'un des époux à une peine afflictive et infamante, sera pour l'autre une cause de divorce. Tels sont les termes de la loi.

Les diverses infractions punies par la loi, sont prévues par l'art. I du Code pénal et divisées en trois catégories: les crimes, les délits et les contraventions de simple police. A chacune de ces infractions correspondent des peines spéciales : les crimes sont punis de peines dites criminelles, les délits de peines correctionnelles et les contraventions de peines de simple police. Dans son article 6, le Code pénal s'occupe de la classification des peines criminelles et les divise en peines afflictives et infamantes, et peines simplement infamantes. Si la peine consiste en une privation de droits infligée au condamné, elle est simplement infamante ; si, à côté de cette privation, la peine consiste principalement en un châtiment corporel infligé au coupable, elle est afflictive et infamante (1).

(1) Code Pénal, art. 7 : — Les peines afflictives et infamantes sont : 1° la mort ; 2° les travaux forcés à perpétuité ; 3° La déportation ; 4° Les travaux forcés à temps ; 5° la détention ; 6° La réclusion. — Art 8 : Les peines infamantes sont : 1° Le bannissement ; 2° La dégradation civique.

C'est à cette division de peines criminelles que fait allusion la loi, lorsqu'elle accorde une action en divorce en cas de condamnation de l'un époux à une peine afflictive et infamante.

Le motif de cette disposition se comprend facilement. La loi n'a pas voulu que l'infamie, ou plutôt la déconsidération qui s'attache à une personne frappée d'une telle peine, fût partagée par l'époux honnête et innocent.

On stipule ici, a dit M. Boulay dans la discussion du Code au conseil d'Etat (dans la séance du 16 octobre 1801), on stipule ici pour l'époux « honnête et « délicat, contre l'époux coupable et flétri : vouloir « qu'ils vivent ensemble, c'est vouloir réunir un ca- « davre à un corps vivant. Cette cause de divorce » doit être admise, sans doute, chez tous les peuples, « mais surtout chez une nation, dont l'honneur pa- « raît être le sentiment spécial ». (1.)

Sur ce point la loi de 1884 nous présente une innovation très importante. L'ancien article 232 était ainsi conçu :

« La condamnation de l'un des époux à une peine infamante, sera pour l'autre une cause de divorce. »

Il en résultait une inconséquence très grave dans la loi ; en effet, une condamnation pour vol ou escroquerie ne donnait pas droit à une demande en divorce, tandis qu'une condamnation à la dégradation civique édictée, par exemple, contre des fonctionnaires « publics, qui auront par délibération, arrêté de « donner leurs démissions », (2.) constituait une

(1) *V.* Fenet — IX, p. 299, in fine.
(2) *V.* art. 126, C. pén.

cause de divorce. Notons encore que les seules peines simplement infamantes étant la dégradation civique et le bannissement, attachées surtout à des infractions criminelles, souvent peu graves et toujours politiques il y avait quelque chose de choquant, à accorder le divorce pour cette cause.

Cette inconséquence relevée déjà par les auteurs, (1) a été particulièrement mise en lumière dans la discussion sur la nouvelle loi, au Sénat, par M. Humbert, ancien garde des Sceaux, dans la séance du 20 juin 1884, c'est à la suite de ses observations qu'une modification du texte a été votée.

II. — Pour que la condamnation soit une cause de divorce, il faut qu'elle réunisse les conditions suivantes : 1° elle doit être criminelle, c'est-à-dire que le fait imputé soit qualifié crime par la loi, et que la peine infligée soit criminelle, 2° elle doit être définitive.

Et d'abord il faut que le fait imputé soit un crime Donc, si l'époux coupable avait commis un délit, si grave et si déshonorant qu'il fût, son conjoint n'aurait pas l'action en divorce. Est-ce à dire qu'il sera complètement désarmé ? Non. Les juges pourront voir dans ce fait délictueux une injure grave.

La jurisprudence en matière de séparation de corps, se trouve aujourd'hui, applicable au divorce en tant du moins que les espèces sont semblables ; par exemple, il a été jugé qu'une condamnation correctionnelle pour outrage public à la pudeur peut constituer une injure grave de nature à motiver une

(1) V. Marcadé sur l'art. 306, IV.

action en séparation de corps ; (1) il a été jugé, au contraire, qu'une condamnation correctionnelle prononcée contre un époux pour faux, ne constitue pas à elle seule une cause de séparation de corps. (2)

En second lieu, avons-nous dit, il faut que la peine infligée soit criminelle — Donc, si l'accusé, ayant comparu en cour d'assises, s'est vu condamné à une peine correctionnelle soit parce que les jurés ont écarté les éléments essentiels constitutifs du crime, soit parce qu'ils ont reconnu l'existence des circonstances atténuantes, son conjoint n'aura pas d'action en divorce (3). Mais il lui restera selon le cas à invoquer l'injure grave qui peut résulter pour lui d'une semblable condamnation.

Il faut, en outre, que la condamnation soit définitive. Donc, au cas d'une condamnation par contumace, l'époux du condamné n'a pas l'action en divorce à moins que, par une prescription de la peine, la condamnation ne soit devenue définitive (4).

III. — La condamnation à des peines afflictives et infamantes est prononcée par des juridictions qui statuent en dernier ressort, cependant un pourvoi devant la cour de cassation est toujours possible.

(1) *V.* Caen, 23 février, 1857. Sir 57, 2, 568.

(2) *V.* Grenoble, 24 janvier, 1865, Sir. 65, 2, 204.

(3) Paris, 16 juillet 1839. Sir. 40, 2, 107 ; Grenoble 24. Janvier, 1865, Sir. 65, 2, 204 (D. 65, 2, 220); Dal. J. G. V° Sép. de corps n° 81 ; Demol IV, n. 396 ; Aubry et Rau V, 49 note 25.

(4) *V.* Cas. 17 juin 1813, Dal J. G. V° Contumace n. 82. et V° sép. de corps n° 82 ; Paris, 6 août, 1840, Sir. 41 ; 2, 49 ; Demol. IV, n. 397 ; Aubry et Rau V. 49, note 27.

Dirons-nous alors que l'éventualité de ce pourvoi met obstacle à ce que le divorce soit prononcé? Il faut distinguer entre le pourvoi en cassation et le pourvoi en révision.

Pour ce qui concerne le pourvoi en cassation, la décision n'est considérée comme définitive, qu'après l'expiration des trois jours pendant lesquels le pourvoi est autorisé ou après le rejet définitif du pourvoi. (1)

Au contraire l'éventualité d'une révision de la sentence n'en suspend pas l'exécution, à moins cependant qu'il n'existe une instance en révision fondée sur une des causes prévues par les art. 443 et suivants du code d'instruction criminelle. (1)

IV. — Les peines encourues par les condamnés peuvent prendre fin par expiration de la durée de la peine, par la grâce, l'amnistie et la réhabilitation; quels effets auront ces circonstances sur le droit de l'époux de demander le divorce?

L'expiration de la durée de la peine principale met fin à l'interdiction légale; mais la dégradation civique subsiste; aussi l'époux conserve son action en divorce. (2)

La grâce ou la commutation de peine n'enlèverait pas à l'époux innocent l'action en divorce: car la

(1) *V.* Aubry et Rau, § 491, note 27. Demol., IV, n° 397. Vazeille II, n° 554. Cass, rej. 17 juin 1813, Sir. 13, 1.293. Paris, 6 août 1840, Sir. 41, 2.49.

(2) *V.* Aubry et Rau I et § 491, note 28. Zachariæ (Massé et Vergé) I, p. 251, note 16. Demol. IV, n° 397. Vazeilles II, n° 556. *V.* Grenoble, 17 août 1821. Dalloz J.-G., v° *sep. de corps,* n° 85. Colmar, 15 juillet 1846. Dall. 47.2.38.

grâce ne met fin qu'à la peine principale, ou pour ainsi dire, à la partie afflictive de la peine, mais laisse intactes les déchéances et les incapacités attachées à la condamnation comme peines accessoires. (1)

Il en serait autrement de l'amnistie. L'amnistie en effet efface toute la condamnation : les faits commis sont réputés non avenus ; *cessante causa. cessat effectus*, les déchéances et incapacités résultant de la condamnation sont anéanties. Nous dirons donc que l'amnistie une fois intervenue, l'époux n'a plus son action en divorce. (2)

Néanmoins si l'époux innocent avait obtenu le divorce avant que l'amnistie ait été accordée, il existerait à son profit un droit acquis, auquel la mesure de clémence dont profite son conjoint ne pourrait porter atteinte.

Que faut-il décider si le condamné a obtenu sa réhabilitation ? Plusieurs auteurs pensent qu'il faut donner la même décision que pour le cas d'amnistie (3); cette opinion n'est cependant pas unanime (4); le doute vient de ce que la réhabilitation ne met pas à néant l'arrêt de condamnation; or, aux termes de

(1) *V.* Paris, 19 août 1847, Siv. 27.2.524 (Dall. 47.4,437). Dall. J.-G., v° *sep. de corps*, n° 84. Demolombe IV, n° 396. Aubry et Rau V, § 491, p. 179.

(2) *V.* Dalloz J.-G., v° *sep. de corps*, n° 84 et 99. Aubry et Rau V. § 491, note 30. Demolombe IV, n° 396. Vazeille II, n° 558.

(3) *V.* Dalloz. J. G., *V. Sép. de corps*, n° 84 et 99 ; Vazeille, II, 4, 558 ; Aubry et Rau, V, § 491, note 30 ; Demolombe, IV, note 396.

(4) Zachariæ, (Massé et Vergé), I, p. 251, note 16.

l'art. 232, c'est la condamnation elle-même qui est une cause de divorce; en outre, il est si vrai que la condamnation subsiste, nonobstant la réhabilitation que si le réhabilité est de nouveau condamné, il le sera comme récidiviste.

Néanmoins nous pensons qu'on ne doit pas interpréter dans son sens littéral l'art. 232; l'infamie qui dérive de la condamnation, est la seule cause qui autorise l'époux à demander le divorce; or, la réhabilitation a eu précisément pour conséquence d'effacer les dernières traces de cette affaire.

VI — Les condamnations à des peines afflictives et infamantes peuvent être prononcées par des juridictions autres que la cour d'assises, telles sont les juridictions militaires, les juridictions maritimes, ou même les tribunaux étrangers. La condamnation prononcée par une de ces juridictions est-elle une cause de divorce ?

En ce qui concerne les condamnations prononcées par des juridictions militaires ou maritimes, il est certain qu'elles sont des causes de divorce. En effet dans la discussion qui eut lieu au Sénat sur l'art. 235 du code civil (1), il a été admis que les mots « jusqu'après l'arrêt de la *Cour d'assises* » qui figuraient dans ce texte (édition du code de 1804) seraient remplacés par les mots « jusqu'après la décision de la *Juridiction répressive*; » et cela pour le motif que: « la cour d'assises n'est pas le seul « tribunal devant lequel s'exercent des poursuittes « criminelles et qui puisse prononcer des peines

(1) Séances des 7 juin et 23 juin 1884.

« afflictives et infamantes. Il y a, outre la cour d'as-« sises, les *Tribunaux militaires et maritimes*; « de plus, il existe encore dans nos colonies des « cours criminelles, qui ne sont pas des cours d'as-« sises et auxquelles sont soumis des crimes véri-« tables. » (1)

VII. — Pour ce qui concerne les condamnations prononcées par un tribunal étranger, cette question n'a pas été prévue par les auteurs, et ne paraît pas non plus avoir donné lieu à des décisions judiciaires, mais la solution en peut être déduite des principes généraux.

Il est admis, en droit international que, par suite de l'indépendance respective des Etats, les jugements rendus par les tribunaux d'un pays, ne produisent aucun effet hors de ce pays; au-delà du territoire soumis à la juridiction dont ils émanent, ils sont considérés commes les actes d'une souveraineté étrangère.

En matière civile, cette règle reçoit divers tempéraments. C'est ainsi que l'art. 2123 du Code civil et l'art. 546 du Code de procédure permettent à nos tribunaux de donner force exécutoire aux jugements étrangers (après un examen sur la nature duquel il existe beaucoup de dissentiments).

En matière criminelle et à l'égard des personnes qui ne sont pas les sujets du pays où elles ont été jugées, le principe est absolu ; car, en cette matière, les jugements ne sont pas seulement des actes d'une

(1) Discours de M. Ronjat, dans la séance du Sénat, du 23 juin 1884.

souveraineté, ils sont des applications du droit public de l'état sous la loi duquel ils sont rendus. (1.)

Aussi les criminalistes refusent-ils aux condamnations pénales prononcées par les tribunaux étrangers, même l'effet de servir de base à la récidive. (2.)

A la vérité, les jugements étrangers statuant sur un crime ou délit commis en territoire étranger, mettent obstacle à de nouvelles poursuites en France, aux termes de l'art. 5, C. d'inst. crim. ; mais c'est là un effet purement négatif, tenant à des considérations d'humanité. (3.)

Quant à l'exécution positive en France d'un jugement rendu par un tribunal étranger contre un français, en matière criminelle, elle est unanimement repoussée par les auteurs, et la cour de cassation à consacré cette doctrine en décidant qu'une condamnation prononcée par un tribunal étranger contre un français, ne donne pas lieu d'appliquer l'art 15 du décret de 1852, prohibant l'inscription sur les listes électorales des individus condamnés pour vol, (4).,

Il faut donc, en vertu des mêmes principes, décider qu'une condamnation prononcée contre un français par des juges étrangers ne saurait être une cause de divorce. De même qu'il serait anormal, sui-

(1). Comp. Fœlix, II, p. 314.

(2) V. Chauveau et F. Hélie, t. I, n° 216 ; *Bertauld*, p. 455.

(3) La condamnation prononcée par un tribunal étranger, pour crime commis en France, soit contre un étranger, soit contre un français ne constitue pas la chose jugée en France. Le délinquant, trouvé en France, peut y être de nouveau jugé et condamné. V. condamn. à l'étranger, *Journal du droit international privé*, 1883, p. 156.

(4.) Arrêt du 14 av. 1868. — Dalloz 1868, 262.

vant les expressions employées par la Cour suprême dans les considérants de l'arrêt signalé ci-dessus, qu'une autorité étrangère pût priver un français de ses droits de citoyen (1); de même il est inadmissible qu'une autorité étrangère, appliquant une loi également étrangère, puisse déterminer légalement une modification de l'état d'un français.

La loi qui rétablit le divorce (2) aurait dû peut-être prévoir le cas où un français serait condamné par un tribunal étranger pour un fait qui, d'après le Code pénal français, emporterait une peine afflictive et infamante; et l'on aurait très bien compris une disposition aux termes de laquelle, dans ce cas, une poursuite pourrait être reprise en France à l'effet de faire prononcer le divorce. Mais, dans le silence de la loi, la seule ressource qui reste au conjoint du condamné, est de se plaindre de la condamnation comme d'une injure grave ; le tribunal appréciera le jugement étranger, et sans avoir à ses yeux la valeur de la chose jugée, il sera considéré comme un fait auquel il attachera, suivant les cas, plus ou moins d'importance.

(1) *V.* De l'effet de la condamnation criminelle à l'étranger sur la capacité d'un français, *Journal du droit international privé*, 1878, p. 400.

(2). L'art. 232 du Code civil n'admet comme cause de divorce que les condamnations à une peine infamante.

En conséquence, le demandeur ne peut être admis à prouver que le défendeur a été condamné pour escroquerie, ni même qu'il l'a été à une peine infamante par un tribunal étranger, dont la décision ne pourrait être déclarée exécutoire en Belgique.

Trib. de Liége, 27 octobre 1877.

Jurisprudence du Trib. de première instance de MM. Cloes et Bonjean, 1878-1879, p. 362.

VIII. — A quelle époque la condamnation doit-elle intervenir ? Faut-il qu'elle soit postérieure au mariage ou suffit-il qu'elle lui soit antérieure ? Une personne s'est mariée avec un forçat libéré, mais elle a ignoré cette condamnation, pourra-t-elle demander le divorce pour cette cause ? Les textes semblent nous conduire à répondre négativement. En effet, la loi exige la condamnation de l'un des époux ; or, on n'est pas époux avant de se marier, on n'a cette qualité qu'après le mariage ; il semble donc bien que la loi, en exigeant la condamnation de l'un des époux s'est placée à une époque postérieure à la célébration du mariage (1). — Le contraire a cependant été soutenu, pour le motif que la loi n'indique expréssément aucune époque, que, par conséquent, « là où la loi ne distingue pas, il ne faut pas distinguer « (2).

M. Demolombe nous présente sur cette question un système spécial. Tout en admettant que la condamnation antérieure au mariage ne peut motiver de la part de l'époux innocent une action en divorce pour cause de condamnation, il admet cependant que le divorce puisse, dans ce cas être prononcé pour cause d'*injures graves* (3). A quoi Marcadé répond :

« Cette idée est inexacte. L'injure, en effet, réside « dans le fait de l'individu d'être devenu un époux, « malgré sa flétrissure : aussitôt ce fait accompli, et « dès l'instant qu'il est devenu mon conjoint, tout » a été consommé ; car il n'a plus été au pouvoir de

(1) *V.* en ce sens : Marcadé, sur l'art. 306, IV ; Demolombe, IV, n° 392 ; Aubry et Rau, *V.* p. 173. § 491, texte et note, 26.

(2) *V.* Duranton, II, n° 561 et 562 ; Delvincourt, I, p. 347, (sur l'art. 232) ; Dalloz. J. G., *V. Sép. de corps*, n° 86.

(3) *V.* Demolombe, IV, n° 392.

« cet individu de n'être pas mon conjoint. Mais, « puisque l'injure consiste à être venu m'épouser, « elle est donc celle d'un individu qui n'était pas « encore mon époux. C'est donc un cas, non de sé- « paration (*lisez* divorce) pour injure, mais de nul- « lité pour erreur. » (1).

On le voit, Marcadé recule devant l'idée de contraindre ces deux personnes à rester unies par le mariage : il se tire d'affaire en accordant à l'époux victime de sa bonne foi, une action en nullité pour cause d'*erreur dans la personne*, fondée sur l'article 180 du Code civil. On sait que cette question présente de grandes difficultés, sur la manière dont il faut entendre les mots de l'art. 180 : « erreur dans la personne. »

SECTION V. — De la séparation de corps qui a duré plus de trois ans.

ART. 310. — *Lorsque la séparation de corps aura duré trois ans, le jugement pourra être converti en jugement de divorce sur la demande formée par l'un des deux époux.*

SOMMAIRE :

I. — Observations générales.
II. — Innovations de la loi de 1884.

I.—Le mariage considéré comme un sacrement dans l'ancien droit français, perdit ce caractère pendant l'époque intermédiaire. Il fut proclamé alors que la

(1) V. Marcadé, sur l'art. 306, IV, t. I, p. 627.

loi ne considérait le mariage que comme un contrat civil. L'établissement du divorce en fut la conséquence nécessaire et immédiate.

Le code civil de 1804 consacre lui aussi le divorce, mais, conçu surtout dans un esprit de conciliation, il admet de plus la séparation de corps, pour donner satisfaction aux convictions religieuses des catholiques. Les catholiques, par conséquent — comme tous les autres citoyens, du reste — avaient cette option : ils étaient libres de divorcer, s'ils le voulaient, mais ils pouvaient se contenter de la séparation de corps si leurs croyances religieuses leur inspiraient quelques scrupules.

Jurisconsultes aux tendances éminemment pratiques, les auteurs du code ont poussé plus loin leurs prévisions. En supposant que l'époux demandeur se fût contenté de la séparation de corps, il pouvait arriver que « l'époux qui était originairement défendeur » considérât la situation que lui avait créée son conjoint comme intolérable : si la séparation de corps avait duré, dans ces conditions, plus de trois ans l'ancien article 310 lui accordait une action en divorce, et le Tribunal devait l'admettre si le conjoint ne consentait pas à mettre de suite un terme à l'état de séparation.

Cette action en divorce n'appartenait qu'à l'époux contre lequel la séparation avait été prononcée, sauf à la femme adultère.

II. — Le nouvel art. 310 répudie ce système. Il accorde l'action en divorce « à l'un des époux » sans distinguer entre le demandeur et le défendeur. Certes, le système de l'ancien article 310 s'explique par cette considération que l'époux qui a été originairement défendeur doit pouvoir mettre fin à une situation qui est pour lui intolérable; mais ce texte avait le grand tort de méconnaître l'intérêt dont peut être digne l'époux que l'espoir d'une réconciliation avait pu porter à ne requérir contre son conjoint qu'un simple jugement de séparation de corps.

Le nouvel article 310 supprime encore, et dans le même ordre d'idées la distinction établie par l'ancien texte entre la femme contre laquelle la séparation de corps avait été prononcée pour cause d'adultère et la femme contre laquelle la séparation avait été prononcée pour toute autre cause.

Notons enfin que d'après l'ancien texte, le Tribunal devait nécessairement prononcer le divorce si l'époux originairement demandeur ne voulait pas faire cesser la séparation après trois ans ; d'après le nouvel article 310, au contraire, les juges ont à cet égard un pouvoir discrétionnaire. Qu'adviendra-t-il de ce pouvoir d'appréciation laissé aux magistrats? ne verrons nous pas les tribunaux se diviser en deux camps, les partisans et les ennemis du divorce ; n'est-ce pas à craindre qu'un magistrat par simple scrupule religeux se refuse en principe et quelles que soient les circonstances, à prononcer un divorce lorsque la loi l'autorise, s'il le juge bon, à maintenir l'état de la séparation de corps ; mieux eut valu, à notre avis faire du divorce le droit commun que chacun des époux pouvait invoquer, et que les tribunaux auraient eu le devoir d'appliquer dans certaines conditions fixées par la loi.

CHAPITRE II

De la preuve des causes de divorce

SOMMAIRE :

I. — Considérations générales.
II. — Preuve littérale : lettres missives.
III. — Preuve testimoniale.
IV. — Aveu et serment.

I. — « Celui qui réclame l'exécution d'une obligation doit la prouver » c'est en ces termes que l'art. 1315 pose le principe général de la preuve.

Par application de cette règle à notre matière, l'époux qui intente à son conjoint une action en divorce se trouve dans la nécessité de prouver les faits par lui allégués à l'appui de sa demande.

Comment fera-t-il cette preuve ?

Il convient d'établir une distinction entre les différentes causes du divorce, entre celles qui se prouvent par acte authentique, telles que la condamnation de l'un des époux à une peine criminelle et la séparation de corps qui a duré plus de trois ans (1), et les autres causes du divorce.

S'il s'agit des causes de la première classe, la preuve

(1) On peut y ajouter le procès-verbal du commissaire de police en cas de *flagrant délit* d'adultère.

résultera de l'acte authentique, sans que l'époux demandeur soit astreint à faire une autre preuve.

S'il s'agit, au contraire, des autres causes du divorce, la preuve se fera d'après les règles du droit commun.

Les preuves admises par le droit commun, sont d'après l'art. 1316 Code civil : la preuve littérale, la preuve testimoniale, les présomptions, l'aveu et le serment. Ce sont donc les mêmes preuves qui seront admises, en principe, en matière de divorce ; nous disons en principe, parce que nous rencontrerons plusieurs exceptions.

II. — La preuve littérale peut consister dans un acte authentique ou dans un acte sous seing privé.

Nous n'avons plus à nous occuper des actes authentiques, il ne nous reste donc que l'acte sous seing privé.

La preuve littérale (actes sous seing privé) qui se rencontrera en notre matière, consistera surtout dans des lettres missives, émanant de l'un des époux, et adressées par ce dernier à son conjoint ou à un tiers.

Mais, pourra-t-on invoquer ces lettres, comme preuve en justice ?

La raison de douter provient de ce que les lettres sont secrètes et le secret des lettres est inviolable.

La question est fort délicate et aucun texte ne la tranche ; elle a donné lieu, en conséquence, à un grand désaccord en doctrine et en jurisprudence.

Lorsque des lettres ont été adressées à une personne, qu'il intervient une tradition *animo donandi*, ayant pour effet d'en transférer la propriété au destinataire (1). Nous en tirons cette première conséquence, que l'époux en instance de divorce pourra prouver les torts de son conjoint par les lettres que celui-ci lui aura adressées (2).

Cette conclusion devient évidente, si nous nous rappelons que les lettres outrageantes adressées par un époux à l'autre peuvent être considérées comme des causes de divorce. Comment, en effet, pourrait-on considérer ces outrages comme une injure grave, si la lettre ne pouvait pas être produite en justice ?

Il faut aller au-delà. — L'époux pourra produire en justice les lettres que son conjoint aurait adressées à un tiers et que celui-ci lui a bénévolement remises, — sans distinguer, au surplus, si ces lettres sont ou ne sont pas confidentielles (3).

Cette solution s'impose par la raison qu'aucune loi ne défend la production des lettres missives en justice, et, qu'en outre, la différence entre la preuve des faits par une lettre confidentielle et la preuve par la déposition d'une personne à laquelle on aurait confié ces faits confidentiellement n'existe pas.

Il est assurément contraire à la probité de divulguer ainsi en public un secret que l'on vous a confié, mais de là à une interdiction légale, il y a loin.

Nous ne contestons pas l'autorité de la loi des

(1) *V.* Aubry et Rau, VIII. § 760 *ter*.

(2) *V.* Demolombe, IV, nº 324; Laurent III, nº 204; Merlin, Rép., *V.* Injure, § 4, nº 8.

(3) *V.* en ce sens, Paris, 22 février 1860, Sir. 60, 2, 231, (Dall. 60, 5, 353); Besançon, 20 février 1860, Dall. 60, 2, 54; Dijon, 11 mai 1870, Sir. 72, 2, 38, (Dall. 71, 5, 238); Bordeaux, 13 janvier 1879, Sir. 79, 2, 108, (Dall. 80, 2, 190); Demolombe, IV, nº 394; Massol, p. 42, nº 6.

10-24 août 1790 et des autres lois et ordonnances qui consacrent le principe de l'inviolabilité des lettres, mais ces lois et ordonnances ne concernent que l'administration des postes et ses agents, et non les particuliers, destinataires des lettres.

La solution que nous présentons, — nous l'avons dit dès le début — n'est pas unanimement approuvée. Les diverses opinions qui se sont fait jour peuvent se résumer en deux systèmes : l'un, qui défend absolument la production des lettres en justice ; (1) l'autre, qui distingue entre les lettres confidentielles et les lettres non confidentielles (2).

Nous venons de décider que l'époux peut produire en justice les lettres adressées par son conjoint à un tiers qui les lui avait bénévolement remises, la conclusion sera-t-elle semblable, au cas où l'époux se sera emparé de ces lettres soit par dol, soit par fraude, par exemple, en les interceptant ? Il paraît admis en doctrine et en jurisprudence que lorsqu'il s'agit du mari poursuivant la preuve de l'adultère de sa femme, il peut produire en justice des lettres qui sont tombées entre ses mains par l'effet du hasard (3) ou même qu'il a interceptées ;(4) on va même plus loin en décidant que, peu importe que ces let-

(1) Cass. 4 juin 1821, Sir. 22.1.33 ; Limoges, 17 juin 1824, Sir. 26.2.177. — Laurent III, nº 201 et s. s.

(2) Cass. 12 juin 1823, Sir. 23.1.394 ; Aix, 18 décembre 1834, Sir, 35.2.172 ; Caen, 7 août 1845, Lucas-Desaulnais, *Rec. de Caen* 7, IX, p. 667 ; Cass. 23 mars 1854, Sir. 64. II. 143. Aubry et Rau V, p, 180.

(3) *V.* Bordeaux, 27 février 1807. Sir. 7.2.163. Aix, 10 février 1846, J. de P. 46.2.231.

(4) *V.* Bruxelles, 28 avril 1875. Sir. 77.2.161. (Dall. 76.2.25).

tres émanent de la femme ou de son complice, — en déduisant cette dernière conséquence de l'article 330 du Code pénal. (1).

La cour de cassation est encore allée plus loin, elle a décidé, que l'adultère de la femme pouvait être établi par le mari, à l'aide de lettres écrites par celle-ci à un tiers, et que le mari avait achetées du tiers à prix d'argent (Cass. crim. 9 juin 1883; D. 84. 1. 89 (Meisels) *adde*. Etude intéressante de M. l'av. gén. Baudouin sur le droit en matière de lettres missives (Discours de rentrée de la Cour de Lyon, 3 nov. 1883).

Inutile d'ajouter qu'il appartient au juge de voir si les lettres produites en justice ne sont pas le résultat d'une collusion entre les deux époux, qui cherchercheraient à se procurer un divorce par simple consentement; il pourra dans ce cas les écarter.

III. — D'après l'art. 1341, C. civ. la preuve testimoniale n'est pas admise dans des contestations dont l'objet dépasse 150 francs. En matière de divorce comme l'objet du litige est inappréciable en argent (2) cette restriction à la règle générale ne s'applique pas. Tout peut donc être prouvé par témoins et cette preuve sera accueillie *de plano* dans tous les cas, sans aucun adminicule préalable (art. 1347, C. civ.).

(1) *V.* Aubry et Rau V, p. 180. Bordeaux, 27 février 1809, Sir. 7.2.163; Req., rej. 31 mai 1842, Sir. 42.1.490; Besançon, 20 février 1860, Sir. 60.2.229; Alger, 12 novembre 1866, Sir. 67.2.152.

(2) *V.* Laurent III, nº 205.

En outre, l'art. 1353. C. civ., permettant la preuve par présomptions, toutes les fois que la loi admet la preuve testimoniale, il y a aussi lieu d'accueillir, en matière de divorce, les présomptions graves, précises et concordantes.

IV. — L'aveu fera-t-il preuve contre le défendeur? La question est fort délicate.

S'il était admis sans restriction que « l'aveu fait pleine foi contre celui qui l'a fait » (art, 1356, C. civ.) il y aurait là un moyen pour les époux d'arriver à un divorce par simple consentement; si au contraire on enlève toute force probante à l'aveu, on serait peut-être trop rigoureux envers l'époux de bonne foi qui s'est décidé à faire des aveux pour éviter une enquête scandaleuse. Du reste, l'article 243 du C. civ. n'exige-t-il pas que les *aveux* soient consignés dans un procès-verbal? Il n'indique pas, il est vrai, qu'elle sera la force probante de ces aveux, mais toujours est-il qu'il en demande la constatation par écrit, ce qui nous conduit à penser qu'on peut en tenir compte. Le juge appréciera. A lui, seul l'aveu ne sera pas une preuve suffisante, mais corroboré par d'autres indices ou éléments de conviction, il pourrait faire preuve contre celui de qui il émane (1).

Le Serment et décisoire ou supplétoire.

Le serment décisoire ne peut pas être déféré par un époux à l'autre. Ce serment implique, en effet, une transaction qui n'est pas permise en notre ma-

(1) *V.* Laurent III, n. 206; Aubry et Rau, V, p. 181. Poitiers, 16 décembre 1852, Sir. 53, 2, 472; Req. rej. 6 juin 1853, Sir 53, 1 708; Req. rej. 29 avril 1862, Sir. 62, 1, 945.

tière, car tout ce qui se réfère au divorce est d'ordre public.

Encore moins devrait-on admettre le serment supplétoire, puisqu'on arriverait par là à un divorce à l'amiable. (1)

(1) V. Aubry et Rau, V, p. 182; Laurent III, n. 207. Grenoble 19 juillet 1838, Sir. 39, 2, 415.

LIVRE II

DE LA PROCÉDURE DU DIVORCE

CHAPITRE PREMIER

De l'action du Divorce

SOMMAIRE ;

SECTION PREMIÈRE. — Observàtions génerales

La procédure du divorce est à dessein lente et compliquée. Le législateur a voulu éviter que la légèreté et la passion s'unissent pour briser hâtivement un lien à la perpétuité duquel l'ordre social est intéressé.

Aussi par deux fois, la justice intervient-elle pour concilier les parties. Si les époux persistent dans leur demande, le tribunal change de rôle, il devient le gardien de l'intérêt public en même temps que l'arbitre du litige. Sa mission consiste alors à accorder réparation à la victime et à déjouer les collusions.

Il ne faut pas qu'on puisse parvenir frauduleusement à un divorce par simple consentement mutuel, puisque la loi n'a pas voulu qu'il en fût ainsi et qu'elle a limitativement précisé par avance les causes réelles de divorce. D'autre part, il est utile de mettre, quant à présent, à l'abri de toutes violences celui qui se prétend lésé et de décider enfin si l'époux accusé a manqué à ses devoirs.

Ainsi que nous l'avons vu précédemment il y a trois sortes de causes de divorce : certains faits matériels allégués par l'un des époux (adultère, excès, sévices, injures graves), une condamnation à une peine afflictive et infamante, une séparation de corps prolongée pendant trois ans. La procédure diffère suivant les cas : elle est simple dans les deux dernières hypothèses puisque le fait sur lequel s'appuie la demande de divorce est légalement constaté ; elle est au contraire plus compliquée dans la première, car les faits sont encore incertains.

SECTION II. — Des personnes pui ont qualité pour former une action en divorce.

SOMMAIRE :

I. — L'action en divorce est attachée à la personne des époux.
II. — Quid de l'interdit ?
III. — L'action en divorce n'appartient pas aux créanciers.
IV. — Ni aux héritiers.

I. — Seuls, les deux époux ont droit de demander le divorce.

Par dérogation à l'art. 215, C. civ. (qui déclare la

femme incapable d'ester en justice sans l'autorisation de son mari), la femme peut se passer de l'autorisation maritale. Telle est l'opinion généralement admise en matière de séparation de corps, telle est la jurisprudence en notre matière (1).

II. — Ici, comme dans toutes les matières qui ont trait à la capacité des parties, se présente une difficulté en ce qui concerne la situation de l'interdit.

Peut-il demander le divorce seul ? S'il ne le peut pas, qui a le pouvoir de l'habiliter ? Pour résoudre cette double question, il faut prendre franchement parti sur la théorie générale du Code en matière d'interdiction. Notre loi prohibe-t-elle à l'interdit tous les actes juridiques ou seulement tous les actes pécuniaires ? Si l'on admet la seconde solution, on donnera évidemment à l'interdit les voies de droit nécessaires pour exercer les droits qu'on lui reconnaît. On lui permettra de se marier sans aucun autre consentement que le sien, et de divorcer de la même manière.

Si l'on rejette cette interprétation des textes qui nous semble exacte, on retombe dans la plus grande confusion. Il faudra aller jusqu'à refuser à l'interdit le droit de divorcer.

Quelques jurisconsultes mus par un sentiment plus humain que logique, se sont ingéniés à trouver une personne dont la capacité puisse suppléer à celle qu'on refuse à l'interdit ; ce sera le tuteur (Zachariæ), le conseil de famille (Demolombe), etc. (2).

(1) Paris, 29 pluviose, an X ; Bruxelles, 20 pluviose, an XIII ; Cass. Req. an XIII, (Dalloz. J. G., *V. Sép. de corps*, nº 447).

(2) *V.* Zachariæ, (Massé et Vergé), I, p. 353, § 140 ; Demolombe, IV, n. 428, p. 535. Colmar, 16 février 1832, Sir. 32, 2, 612 ; Paris, 2 août 1841, Sir. 51, 2, 688.

Nous adresserons un reproche commun à ces solutions, c'est leur arbitraire. Qu'il s'agisse du tuteur, du conseil de famille, pour nous la question est tranchée. Il serait vraiment bien absurde de refuser aux héritiers (1) l'action en poursuite déjà intentée et de permettre à un étranger de se substituer à l'interdit (2). Il faut donc conclure sur ce point que l'interdit n'a besoin d'aucune autorisation pour former une demande en divorce (3).

III. — D'après notre droit civil, toute action pécuniaire peut être exercée par nos créanciers et nos héritiers (art. 1166 C. civ.). Mais, l'action en divorce est bien évidemment une des actions les plus exclusivement attachées à la personne.

Elle doit donc rentrer dans l'exception formulée par le même art. 1166 et ne peut pas appartenir aux créanciers.

IV. — Une difficulté plus grave se présente à propos des héritiers. Sans doute les héritiers ne peuvent pas, après la mort de leur auteur, intenter une action en divorce, le mariage étant dissous par la mort, le divorce n'aurait aucun but.

Mais si une personne est décédée après avoir intenté une action en divorce contre son conjoint, ses héritiers pourront-ils continuer la poursuite, ou bien l'action est-elle éteinte par le seul fait de la mort du conjoint demandeur ?

Tout d'abord, remarquons que les héritiers peu-

(1) *V.* ce que nous disons plus loin des héritiers.

(2) Laurent III, n. 216, p. 258; Arntz, I, n. 307, p. 212.

(3). Cass. Bel. 11 novembre 1879 *Pasicrisie* 1880. 1. 3.

vent avoir intérêt à obtenir un jugement de divorce. En effet la prononciation du divorce a pour résultat de faire tomber les donations reçues par l'époux contre qui le divorce a été obtenu. Si donc l'époux survivant a reçu une donnation du *de cujus* et que, de plus il soit l'objet d'une demande en divorce, les héritiers pourront au moyen d'un jugement de divorce faire rentrer les biens donnés dans la succession par la révocation de la donation.

Faut-il donc permettre aux héritiers de continuer l'instance pour la satisfaction à leurs intérêts pécuniaires? Sur ce point la doctrine et la jurisprudence sont en désaccord (1). L'ancien droit à propos de la séparation de corps consacrait la prétention des héritiers (2). Mais la loi subordonne ici l'intérêt pécuniaire à l'intérêt moral. Le divorce étant inutile, l'instance en divorce est éteinte, et le principal n'existant plus, l'accessoire ne saurait subsister. La loi a si bien supposé l'existence des deux époux lors du jugement de divorce que pour chacun d'eux l'action risque à chaque instant de périr au cours de la procédure ; la loi veut qu'ils fassent à tout moment preuve d'une volonté persistance, et même après le jugement prononcé, ils sont encore obligés de se présenter dans un certain délai devant l'officier de l'Etat civil. En un mot la loi présume la réconciliation ; quelle preuve contraire les héritiers peu-

(1). En faveur de l'affirmative : V. Merlin, *rep.* V° *sép. de corps* § 4 n° 5 : Pigeau Proc. civ. I. p. 420. Delvinc I. p. 189. Zachariæ (Massé Vergé) I. p. 254. etc. — En faveur de la négative. Cass. 5 fév. 1851. Sir. 51 I. 81. Marcadé sur art. 307. Demol. IV. N° 429 etc.

(2). Merlin op. cit. et quest. de dr. V° dot § 5.

vent-ils apporter? Auraient-ils la prétention de faire parler le défunt?

Mais, dit-on, les héritiers ne feront pas prononcer le divorce, ils demanderont seulement la révocation des donations. Quel texte autorise à diviser ainsi une question indivisible? Il est fâcheux d'admettre le scandale, même dans un intérêt moral; il faut l'éviter à tout prix quand il ne s'agit que d'une question pécuniaire.

Il faudra conclure de même au cas où l'époux défendeur serait mort pendant l'instance.

En effet, le demandeur ne pourra pas poursuivre les héritiers du défendeur afin d'obtenir la restitution des donations qu'il a faites à son conjoint. L'action en divorce serait désormais sans but et la poursuite des héritiers se heurterait en outre à ce principe que les peines sont personnelles.

Une dernière hypothèse qui pourrait prêter à controverse est celle où l'un des deux époux est mort après le jugement permettant le divorce mais avant la prononciation du divorce par l'officier de l'état civil. Les héritiers du demandeur peuvent-ils exiger cette prononciation, ou peut-on l'obtenir contre les héritiers du défendeur? ou du moins, sont-ils admis à profiter du divorce comme s'il avait été prononcé? Outre toutes les raisons exposées plus haut, on a fait valoir, ici, une nouvelle raison, la déchéance des avantages pécuniaires, a-t-on dit, la seule qui intéresse les héritiers résulte du jugement (1) et non pas de la prononciation du divorce; il est par suite très légitime de faire profiter les héritiers de

(1). V. Bruxelles, 26 avril 1806. S. 6 2 430.

ces déchéances sans leur permettre d'exiger la prononciation du divorce. Mais le jugement est en réalité subordonné à la condition que le divorce sera prononcé et ses effets ne peuvent se produire que si la condition arrive. Par exemple, si l'époux pardonne après le jugement, personne ne pense que les donations restent néanmoins révoquées ; ici la condition du jugement, n'est pas arrivée et, nous l'avons dit, ne peut plus arriver ; donc les effets de ce jugement doivent disparaître.

En résumé la seule règle à retenir c'est que les époux seuls, ont le droit de demander le divorce.

CHAPITRE II

Compétence.

SOMMAIRE :

SECTION PREMIÈRE. — Règles générales.

SECTION II. — Règles spéciales en cas de condamnation à une peine afflictive ou infamante.

SECTION PREMIÈRE. — Règles générales.

ART. 234. — *La demande en divorce ne pourra être formée qu'au tribunal de l'arrondissement dans lequel les époux auront leur domicile.*

SOMMAIRE :

I. — Il y a lieu de compléter les dispositions du code civil touchant la procédure du divorce par celles contenues au code de procédure civile.

II. — Le tribunal compétent est celui du domicile des époux.

III. — Cas particulier où le divorce est prononcé après une séparation de corps qui a duré trois ans.

IV. — De la compétence en ce qui concerne l'exécution du jugement prononçant le divorce.

Le code civil, dans les articles que nous étudierons postérieurement, offre un système spécial de procédure relativement au divorce. Mais comme son but est, avant tout, de régler quels sont les droits de chacun et non pas de dire comment on fera respecter ces droits, il a négligé de régler un grand nombre de points notamment en ce qui concerne les enquêtes.

Doit-on penser, dès lors, que toutes les règles de droit commun qu'il a omises ne s'appliquent pas en notre matière, à raison même de leur omission ? ou bien faut-il dire que le droit commun n'étant nulle part explicitement abrogé, les dispositions du code civil ont seulement pour but de le modifier à certains égards, en le laissant subsister à tous les autres.

Cette dernière opinion a été très-vivement combattue en France avant 1816.

En Belgique au contraire, la jurisprudence l'a consacrée par plusieurs arrêts. (1)

Elle nous semble préférable parce qu'elle s'appuie sur une règle d'interprétation dont on ne peut contester l'exactitude, à savoir qu'une loi générale est applicable sur tous les points sur lesquels elle ne contredit pas la loi spéciale.

Dire que le code civil offre à propos du divorce un système complet en matière de procédure, c'est être quelque peu inexact, car personne ne pense que la procédure toute entière du divorce soit contenue dans le code civil. Il est bien évident, par exemple, que pour la composition des tribunaux, la forme des jugements, etc., il faut s'en rapporter au droit commun.

Par procédure on entend donc ici certaines parties de la procédure, comme les enquêtes, l'appel, sur lesquelles le code civil fournit une réglementa-

(1) V. Bruxelles, 8 juillet 1853, *Pasicrisie*, 1868, II, 347.

tion presque complète. Faut-il en ces matières compléter le code civil à l'aide du code de procédure ?

La négative s'appuie sur trois raisons qu'on peut ainsi résumer : (1) 1° le code civil renferme un système complet d'instruction. C'est donc que le législateur a voulu ici écarter le droit commun. 2° L'art. 881 Pr. Civ. ne renvoit au Code civil *qu'implicitement*, donc il écarte le droit commun c'est-à-dire le code de procédure. 3° On peut raisonner à contrario de l'art. 241 C. Civ. si on l'oppose au silence de la loi en notre matière.

La récente discussion du Parlement n'a pas éclairé la question d'une vive lumière. Au milieu de bien des assertions peu précises on peut démêler cette idée, incontestée d'ailleurs, que le code civil déroge au code de procédure et que le code de procédure n'a pas abrogé la législation du code civil. D'autre part on s'est préoccupé de rétablir l'état des choses existant avant 1816, bien plutôt que de réglementer la procédure du code de 1804. La controverse reste donc entière.

On ne saurait prétendre que le code civil règle complètement les matières dont il s'occupe. Il ne dit rien a propos des enquêtes, de l'assignation des témoins, des changements ou additions possibles aux dépositions des témoins, etc. Sur l'appel, il est plus incomplet encore puisqu'il se borne presque à en fixer les délais. Et d'ailleurs est-ce donc un bon principe d'interprétation que de permettre à chacun de classer à son gré ce que le code a réglé ? Pourquoi prendre comme unité indivisible la procédure d'en-

(1) V. Un arrêt de cassation, apporté par Merlin, *Rep.* V° *Divorce*, sect. IV. § 13, n. 3.

quête plutôt que la matière des reproches de témoins? Où s'arrêter? Si chacun classe à sa guise, lequel aura bien classé? Que le code offre un système complet, que ce mode d'interprétation soit le bon, nous le concédons. S'en suivrait-il que le législateur a voulu écarter l'application du droit commun promulgué postérieurement? Rien n'est moins certain certain. Ne doit-on pas au contraire emprunter au droit commun tout ce qui est nécessaire au fonctionnement des lois spéciales?

L'art. 881 qu'on oppose est situé dans la partie relative aux *procédures particulières*. Or, cette partie ne contient que l'exposé des dérogations au droit commun. Il est donc bien naturel qu'on renvoie au Code civil, puisqu'il énonce en notre matière tout ce que la procédure a de spécial. Mais cela n'implique nullement que le droit commun soit inapplicable. Il subsiste ici, tout aussi bien que dans les diverses hypothèses réglées par la deuxième partie du Code de procédure.

En réalité, toute la doctrice que nous combattons repose sur un argument *à contrario* (art. 241, C. civ.) dont nous sommes en droit de récuser l'autorité, car il ne fait que nous éloigner du droit commun. Mieux vaut alors s'en tenir à ce principe, qu'une loi générale postérieure est applicable en tous les points par lesquels elle ne contredit pas la loi spéciale antérieure.

II. — On sait que de droit commun, toute action personnelle est portée devant le tribunal du domicile du défendeur. Or, ici le défendeur est nécessairement l'un des deux époux. Donc, tant que dure la cohabitation légale des deux conjoints, c'est au domicile conjugal qu'un époux doit être assigné, même par son conjoint.

De cette règle, la jurisprudence a fait deux applications. Elle décide : 1° que le mari qui change de domicile avant l'introduction de la demande, oblige sa femme à intenter l'action à son nouveau domicile (1).

2° Mais que le changement de domicile postérieur, à la requête adressée au président du tribunal, ne modifie pas la compétence (2). En outre, on admet que l'incompétence qui, d'ailleurs, est ici relative, est couverte par la comparution sans réserve de l'époux défendeur, devant le président du tribunal incompétent devant lequel il a été assigné (3).

Le tribunal devant lequel a été introduite la demande en divorce reste toujours compétent ; même au cas de changement de domicile du mari, ce sera devant lui qu'il faudra porter les constatations relatives à la liquidation des droits résultant du mariage dissous. (4)

III. Il sera impossible de contester ce que nous venons de dire, quand le divorce interviendra pour une cause autre qu'une séparation de corps prolongée pendant trois ans.

Mais en supposant qu'une séparation de corps ait

(1) *V.* Colmar 12 décembre 1816, Dalloz J.-G., V. Séparation de corps, n° 90.

(2) *V.* Rej., 27 juillet 1825, Dalloz J.-G., V. Séparation de corps, n° 91.

(3) *V.* Metz, 22 novembre 1833, Dalloz J.-G., Séparation de corps, n° 91.

(4) V. Bruxelles 30 mars 1807 S. an. 7, 2, 266.

déjà été prononcée et qu'après le délai légal l'un des époux veuille transformer la séparati n en divorce, devant quel tribunal faut-il assigner l'époux défendeur? Les époux n'ont pas, dans ce cas, nécessairement, même domicile; chacun peut avoir le sien dans un arrondissement différent. Dès lors, il est impossible, ainsi que semble l'exiger l'art. 234, de former la demande devant le tribunal de l'arrondissement dans lequel *les époux* ont leur domicile. Il est raisonnable d'admettre que l'époux demandeur devra assigner l'époux défendeur au domicile de ce dernier, en vertu de la règle : « Actor sequitur forum rei. »

A la vérité, par notre conclusion, nous prenons parti dans une controverse qui a longtemps agité la doctrine et la jurisprudence. En effet, nous admettons comme indiscutable, qu'au cas de séparation de corps, les époux n'ont pas, nécessairement, le même domicile; que par conséquent la femme séparée de corps peut avoir un domicile distinct de celui de son mari. Or, cette opinion n'est pas unanimement admise. Plusieurs auteurs, en effet, s'inspirant des termes absolus et impératifs de l'art. 108 du code civil : « La femme mariée n'a point d'autre domicile « que celui de son mari », s'appuyant sur ce que la femme, même séparée de corps, reste soumise à l'autorité maritale; invoquant, enfin, cette considération que l'état de séparation de corps n'est pas irrévocable et destiné à être perpétuel, décident que la femme, même séparée de corps, conserve son domicile légal chez son mari (1).

(1) *V.* Merlin, Rép , v°, Domicile, § 5. — Zachariae (Massé et Vergé) I, p. 122.

Nous repoussons ce système sans hésitation. Certes, l'art. 108 est général; sans doute l'autorité maritale n'est pas entièrement anéantie par la séparation de corps, mais ces considérations ne sont pas assez fortes pour entraîner notre conviction.

Nous ferons, avant tout, remarquer que la séparation de corps n'est pas une création du code civil; elle nous vient de l'ancien droit. Le code civil ne renferme que très peu de dispositions relatives aux effets de la séparation de corps : quoi de plus naturel, par conséquent, que de se référer à l'ancien droit toutes les fois que l'interprétation des textes nous semble douteuse?

Les jurisconsultes anciens sont unanimes à reconnaître à la femme séparée de corps, le droit d'avoir un domicile légal distinct de celui de son mari (1).

Les arguments qu'on prétend tirer du code, n'infirment en rien le système que nous défendons. En effet, l'article 108 du Code civil s'explique par les articles 214 et 102 du même code : le premier qui impose à la femme la cohabitation avec le mari, et le second qui déclare que le domicile est au lieu où on a son principal établissement. Si la séparation de corps a été prononcée, la femme n'est plus tenue de cohabiter avec son mari ; son *principal établissement* peut donc ne plus être au lieu où son mari a son domicile. Il s'en suit que l'article 108 n'a plus de base dans notre hypothèse, et il devient inapplicable. Nous le reconnaissons, l'ar-

(1) Pothier, Introd. gén. aux cout., n° 10 ; Bouhier, observ. sur la cout. de Bourgogne, Ch. XXII, n° 201.

ticle 108 ne distingue pas entre la femme mariée séparée de corps et la femme mariée non séparée, comme il distingue entre le mineur émancipé et le mineur non émancipé ; mais cela tient à ce que, à l'époque où l'article 108 fut voté, on ne savait pas encore si la séparation de corps serait admise ; on était alors sous l'empire de la loi du 20 septembre 1792 qui n'admettait que le divorce.

Il est vrai encore que la séparation de corps laisse subsister, du moins en partie, l'autorité maritale ; mais on conviendra facilement que cette autorité du mari se trouve sensiblement modifiée, même amoindrie, et que telle qu'elle subsiste, elle ne saurait suffire pour faire triompher l'opinion que nous combattons.

On invoque ensuite le caractère provisoire ou plutôt temporaire de la séparation de corps.

Distinguons.

Nous ne contestons pas que le vœu de la loi et l'intérêt du ménage ne se rencontrent dans la séparation temporaire. Certes, il serait à souhaiter que les séparation de corps durassent le moins de temps possible et l'idéal consisterait même dans une société où elle ne se produiraient jamais. Mais tout cela ne change en rien les conditions dans lesquelles la séparation de corps a été prononcée ; les juges la prononcent définitive, comme si elle devait toujours durer. Le jugement de séparation de corps autorise la femme à vivre séparément, non pas pour un temps, mais pour toujours ; et la possibilité d'une réconciliation n'empêche pas l'effet absolu et inconditionnel de ce nouvel état que les parties elles-mêmes, au moment où elles se séparent, considèrent presque toujours comme irréparable et qui l'est effectivement aussi presque toujours (1).

La fragilité du système contraire apparaît surtout lorsque nous l'envisageons dans ses conséquences pratiques. Si l'on admet que la femme séparée de corps n'a d'autre domicile légal que celui de son mari, il s'en suit que c'est à ce dernier domicile que devront se faire toutes les significations qui s'adresseront à la femme ; n'y aurait-il pas à craindre alors que l'état d'hostilité très-ordinaire des époux séparés eût pour conséquence que le mari qui recevrait ces significations n'en prît aucun soin ? — Mais pour ne parler que de l'hypothèse qui nous occupe, celle où après une séparation de corps qui a duré plus de trois ans, le mari veut demander le divorce, comment peut-on admettre que les significations doivent être faites au domicile du mari, c'est-à-dire au mari lui-même ? Est-ce là le meilleur moyen pour les porter à la connaissance de la femme qui habite peut-être un pays étranger ? N'oublions pas que le nouvel article 310 accorde aux juges un pouvoir d'appréciation ; il suppose donc un débat entre l'époux demandeur et l'épouse défenderesse ; avec le système qu'on nous propose, la femme ne sera presque jamais prévenue.

IV. — La loi ne parle ici de la compétence qu'en

(1) *V.* Dijon, 28 avril 1809, Dev. et Car. *Coll. nouv.* II.2.224; Orléans, 25 novembre 1848, Dall. 49.2.9. (Sirey 48.2.755). Demolombe I, nº 358; Aubry et Rau I, p. 580; Laurent II, nº 85, p. 115; Marcadé sur l'art. 108, 1, in fine ; Massé et Vergé I, p. 122, note 4; et les autorités citées par ces auteurs. Comp. Dalloz J.-G., V. Domicile, nºˢ 72-74.

ce qui touche à l'introduction de la demande en divorce ; les mêmes questions peuvent se présenter à propos de difficultés dérivant de l'exécution du jugement de divorce.

On peut rapporter ici une espèce qui s'est présentée en 1808 devant la Cour de cassassion (Sirey, 1808, I p. 318). — Un mari défendeur à l'action en divorce était domicilié à Anvers lors du prononcé de l'arrêt de la Cour de Bruxelles qui l'autorisait. La demanderesse se disposait à demander en exécution de l'arrêt, la liquidation de la communauté devant le tribunal d'Anvers, quand le défendeur transporta son domicile à Paris. La Cour de cassation appelée à statuer décida que le tribunal d'Anvers était compétent, en s'appuyant sur ce que la nouvelle demande n'était qu'une suite de l'action en divorce. En généralisant cette décision, on est autorisé à dire que le tribunal du domicile du défendeur est compétent pour toutes les difficultés qui s'élèvent à la suite ou en exécution du jugement de divorce.

SECTION II. — Règles spéciales en cas d'une condamnation à une peine afflictive et infamante.

ART. 235. — *Si quelques-uns des faits allégués par l'époux demandeur donnent lieu à une poursuite criminelle de la part du ministère public, l'action en divorce sera suspendue jusqu'après la décision de la juridiction repressive : alors elle pourra être reprise sans qu'il soit permis d'in-*

férer de cette décision aucune fin de non-recevoir ou exception préjudicielle contre l'époux demandeur.

SOMMAIRE :

I. — De la règle : « Le criminel tient le civil en état. »
II. — Influence de la décision de la juridiction répressive sur la solution du procès en divorce.

I. - Cet article contient l'application d'une règle qu'on peut à la rigueur qualifier de règle de compétence, à savoir que *le criminel* tient le *civil en état.*

En vertu de ce principe, si une question posée devant le tribunal civil exige la vérification d'un fait déjà déféré à la juridiction repressive, la juridiction civile doit surseoir à l'examen de l'affaire jusqu'à ce que la juridiction répressive ait statué. Toutefois l'instance en divorce n'est suspendue que par une poursuite pouvant amener une condamnation à une peine afflictive ou infamante.

Il ressort de la discussion de la loi que la rédaction un peu large de l'art. 235 (décision de la juridiction repressive) vise les condamnations afflictives ou infamantes prononcées par un Tribunal autre qu'une Cour d'assises. (Tribunaux militaires ou maritimes, cours criminelles des colonies.) (1)

II. - L'application de cette règle peut se présenter dans deux cas.

En effet, ou l'époux défendeur poursuivi pénalement est condamné par le tribunal répressif, ou il est acquitté. Quelle influence le jugement peut-il

(1). V. *Officiel* 24 juin 1884. - Trib. Bruxelles 20 janvier 1866, *Belgique judiciaire* 1866, 347.

avoir sur la solution du procès en divorce ? Dans le premier cas, si la condamnation est afflictive et infamante, elle est une cause de divorce et alors le Tribunal civil n'aura qu'à le prononcer, sans apprécier la culpabilité de l'époux.

Dans le deuxième cas, au contraire, il pourra arriver que les faits qui n'ont pas paru mériter une peine, semblent au Tribunal civil assez graves pour motiver le divorce. La juridiction civile aura donc après que la criminelle se sera dessaisie, pleine liberté d'appréciation, ou comme le dit l'art. 235 « L'action en divorce sera reprise sans qu'il soit permis d'inférer de la décision de la juridiction répressive aucune fin de non recevoir ou exception préjudicielle contre l'époux demandeur.

Il y a toutefois une hypothèse qui ne parait pas avoir été réglée par la loi : c'est celle où l'époux défendeur a été condamné à une peine non afflictive mais infamante.

Le tribunal civil en ce cas nous parait compétent pour apprécier, non pas la réalité des faits constatés au criminel, car cette réalité est désormais indiscutable, mais le compte qu'il convient d'en tenir, relativement au bien fondé de la demande en divorce. La rédaction de l'ancien article 235 ne permettait pas d'examiner cette dernière espèce. En effet, il s'occupait d'une poursuite intentée devant la cour d'assises c'est à dire d'une poursuite qui peut donner lieu à une condamnation à une peine afflictive et infamante ; or ces condamnations étaient à elles seules des causes suffisantes de divorce.

Nous pouvons donc sans craindre d'aller contre l'esprit de la nouvelle loi, assimiler notre hypothèse à celle que nous venons d'examiner, c'est à dire à l'hypothèse ou la juridiction répressive a rendu une décision d'acquittement ; le tribunal appréciera.

Notre article 235 n'est applicable qu'aux faits allégués par l'époux demandeur contre l'époux défendeur. Par suite il ne saurait recevoir d'application dans lecas par exemple où c'est l'un des témoins produits à l'instance qui est de la part de l'epoux défenneur l'objet d'une action criminelle pour faux témoignage (1).

(1). V. Cass. 25 novembre 1805. S. 16, 1, 165

CHAPITRE III

Procédure proprement dite

SOMMAIRE :

La procédure à suivre dans une instance en divorce n'est pas uniforme ; elle varie selon les causes du divorce. Dans certains cas, lorsque le divorce a pour cause la condamnation afflictive et infamante de l'un des époux ou lorsqu'il s'agit de convertir une séparation de corps en divorce, la procédure sera très simple : il s'agira seulement de la constatation d'un fait ; dans les autres cas, au contraire, la procédure sera longue et compliquée.

Le législateur, en traçant pour ces derniers cas, des règles multiples d'une application longue et délicate n'a pas seulement cédé à une nécessité qu'imposait la nature même des faits à constater, il a aussi voulu imposer aux parties intéressées comme une épreuve qui permît de constater si leur résolution de divorcer était bien mûrement réfléchie.

Nous examinerons d'abord la procédure spéciale aux deux cas particuliers prévus par les articles 261 et 210.

SECTION I. — Procédure particulière aux cas prévus par les articles 261 et 310

ART. 261. — *Lorsque le divorce sera demandé par la raison que l'un des époux est condamné à une peine afflictive et infamante, les seules formalités à observer consistent à présenter au tribunal de première instance, une expédition en bonne forme de la décision portant condamnation, avec un certificat du greffier constatant que cette décision n'est plus susceptible d'être réformée par les voies légales ordinaires. Le certificat du greffier devra être visé par le procureur général ou par le procureur de la République.*

ART. 310. — *Lorsque la séparation de corps aura duré trois ans, le jugement pourra être converti en jugement de divorce sur la demande formée par l'un des époux.*

Cette nouvelle demande sera introduite par assignation à huit jours francs, en vertu d'une ordonnance rendue par le président.

Elle sera débattue en chambre du Conseil.

L'ordonnance nommera un juge rapporteur, ordonnera la communication au ministère public et fixera le jour de la comparution.

Le jugement sera rendu en audience publique.

SOMMAIRE :

I. - Lorsque la demande en divorce a pour cause la condamnation d'un des époux à une peine afflictive et infamante, le demandeur n'a qu'à prouver la condamnation elle-même. Il doit à cet effet présenter au tribunal une requête à l'appui de laquelle il joint une expédition « en bonne forme », de la décision portant condamnation, sans qu'il soit nécessaire d'ailleurs d'appeler l'époux défendeur.

A cet égard, l'art. 261 contient une légère modification qui mérite d'être signalée. Le certificat que doit fournir le demandeur pour prouver la condamnation de son conjoint à une peine afflictive et infamante doit être signé du Greffier et du Procureur général ou du Procureur de la République.

Le Code de 1804 exigeait que le certificat émanât de la Cour d'assises ; or la Cour d'assises n'existe plus quand la session est terminée, il résultait de là de grandes difficultés pratiques qu'on évite aujourd'hui.

II. — Nous savons déjà que les condamnations afflictives et infamantes prononcées par les tribunaux militaires sont, comme les condamnations prononcées par les Cours d'assises, des causes de divorce. Il est évident que dans cette hypothèse, l'époux demandeur devra suivre la procédure tracée par l'art 261 du C. civil. Mais alors une question se pose. Notre article parle du certificat du greffier visé par le Procureur général ou le Procureur de la République ; or, il n'existe pas de Procureur près des tribunaux militaires. Par qui le certificat devra-t-il être visé ?

Nous estimons que l'art. 261 en parlant du Procureur général ou du Procureur de la République a entendu désigner le ministère public ; d'où nous sommes en droit de conclure que le certificat délivré par le greffier dans le cas d'une condamnation par un tribunal militaire, devra être visé par le ministère public près de ce tribunal, c'est-à-dire par le commissaire du gouvernement.

III. — A l'occasion de la procédure tracée par l'art. 261 une question se pose. Au cas de condamnation par contumace, doit-on citer l'époux défendeur?

Nous ne croyons pas cette formalité nécessaire. En effet, ou l'époux défendeur est encore contumax, c'est-à-dire qu'il n'a pas prescrit sa peine, dans ce cas, nous l'avons vu en traitant des causes du divorce, le divorce ne peut être prononcé, puisque la condamnation « est susceptible d'être réformée par les » voies légales ordinaires. » Ou bien l'époux a déjà prescrit sa peine, dans ce cas il n'y a pas lieu de déroger au principe général que l'époux défendeur ne doit pas nécessairement être appelé.

IV. — L'art. 310 a donné lieu dans le sein des assemblées législatives à une vive discussion, et il n'en est sorti que considérablement modifié.

D'une part, en effet, on lui a donné une portée plus générale, quant aux personnes qui peuvent l'invoquer, et quand aux cas qu'il prévoit; d'autre part, on a diminué sa portée en accordant aux tribunaux un pouvoir d'appréciation.

Dans la loi de 1804, le même article portait que l'époux originairement défendeur pourrait demander le divorce, ce qui semble impliquer *a contrario* que ce droit était refusé à l'époux originairement demandeur. Aujourd'hui, les deux époux sont traités de la même façon, et ce n'est que justice; il est étrange, en effet, de dénier à la victime le droit que l'on reconnaît au coupable.

Sous le Code civil, l'art. 310 n'était pas applicable si la séparation avait été prononcée pour adultère de la femme. Il était naturel alors que la femme adultère parût moins digne d'intérêt que tout autre défendeur à l'instance en séparation de corps ; l'on comprenait l'exception faite à son détriment. Mais, aujourd'hui, l'article 310 ayant en quelque sorte consacré un droit commun nouveau au profit des deux époux, l'exception ne se justifie plus.

Le législateur de 1804, dans son article 310, avait donné au tribunal un rôle pour ainsi dire passif, qu'on a comparé dans la discussion parlementaire à l'office « d'un bureau d'enregistrement. »

En effet, la représentation du jugement de séparation de corps; et la preuve de l'expiration du délai de trois ans sans réconciliation, obligeaient les juges à prononcer le divorce : » Lorsque... l'époux originai-

« rement défendeur pourra demander le divorce au tri-« bunal qui l'admettra si le demandeur... ne consent « pas immédiatement à faire cesser la séparation. » Aujourd'hui, au contraire, le divorce ne sera accordé qu'après un nouvel examen de la cause (1). D'ailleurs, le jugement de divorce ne sera qu'un jugement de conversion et non pas un jugement de révision. Nous voulons dire que, si par exemple, l'époux défendeur à l'instance en séparation de corps agit en se fondant sur l'art. 310, le jugement de divorce n'aura pas pour effet de lui donner les avantages attribués par la loi à la qualité de demandeur (art. 299, etc., révocation des donations faites au défendeur), alors même que cet époux alléguerait à l'encontre de son conjoint des faits postérieurs à la séparation qui, en toute autre circonstance, suffiraient pour motiver le divorce (2).

Pour obtenir ces avantages, l'époux défendeur à la séparation de corps n'aurait qu'à intenter directement une action en divorce, sans invoquer l'art 310 et sans se prévaloir de son titre d'époux séparé de corps (3).

V. — Dans l'hypothèse prévue par l'art. 310, la loi prescrit une procédure spéciale.

La demande ne sera plus faite par une simple requête, comme au cas de condamnation que nous avons examiné plus haut.

(1) *V.* Laurent III, p. 237, n° 198.

(2) Trib. Bruxelles, 4 avril 1851. *Belgique judiciaire* 1851, 925; Trib. Bruxelles, 23 juillet 1863. *Belgique judiciaire*, 1863, 1142, Cass. Belge, 24 mars 1865. *Pasicrisie*, 1865, I, 147.

(3) *V.* *Officiel* du 25 juin 1884. Séance du Sénat du 24 juin 1884. Malleville sur l'art. 310.

La procédure sera exactement la même que celle d'un procès ordinaire. L'époux demandeur adressera au président une requête tendant à lui permettre d'assigner à huitaine franche son conjoint. Le président rendra alors une ordonnance permettant cette assignation (1).

Cette ordonnance contiendra en outre la nomina tions d'un juge rapporteur chargé d'éclairer le tribunal lorsque l'affaire viendra devant lui.

Mais le divorce intéressant au plus haut point l'état des personnes et l'ordre public, il est nécessaire que communication en soit faite au ministère public. Cela résulte déjà des principes généraux établis par l'art. 83, c. pr. civ. ; la loi nouvelle a cependant cru devoir s'expliquer sur ce point, et dans l'art. 310 elle déclare que l'ordonnance du président ordonnera la communication au ministère public.

L'ordonnance fixe en même temps le jour de la comparution devant le tribunal.

En cet état de choses, les époux se présenteront devant le tribunal. Toutefois ce ne sera pas en audience publique qu'auront lieu les débats ; tout se passera en chambre du Conseil, sauf cependant le jugement qui doit être rendu publiquement.

Ces dispositions de la loi s'expliquent facilement. Le législateur a, en effet, fort bien compris qu'il faut en cette matière éviter, autant que possible, les débats publics ; outre le scandale que ces débats

(1) Nous verrons plus loin que lorsqu'il s'agit de la procédure ordinaire du divorce, c'est le tribunal entier qui accorde la permission de citer.

feraient renaître, il y aurait encore cet inconvénient, que la reconciliation serait rendue à peu près impossible, si la publicité y était admise. Et quoique la loi ne prescrive plus de tentative de réconciliation, après que la séparation de corps a duré trois ans, elle ne cesse pas de l'espérer et de la favoriser.

Il ne faudrait pas croire que si dans notre hypothèse, la clandestinité des débats est ordonnée, c'est parce que le tribunal exerce une juridiction gracieuse. Cette idée, exacte peut être sous l'empire de l'ancien art. 310 ne saurait plus l'être aujourd'hui. Nous avons déjà en effet fait remarquer que notre article accorde aux juges un pouvoir d'appréciation ; que le rôle du tribunal n'est pas réduit à celui d'un bureau d'enregistrement, comme on l'a dit dans la discussion de la loi. La décision rendue est donc un véritable jugement.

A un autre point de vue, la décision qui intervient modifie l'état des époux ; elle va rendre à la femme, soumise jusque là à l'autorité maritale, la capacité qu'elle avait avant le mariage. C'est une raison pour laquelle la loi devait — et c'est ce qu'elle n'a pas manqué de faire — ordonner la publicité du jugement. Notons encore en passant que ce jugement va dégréver les biens du mari de l'hypothèque légale qui avait pesé sur eux pendant le mariage. C'est une seconde raison qui s'ajoute à la règle générale établie par le code de procédure d'après laquelle tout jugement doit être rendu en séance publique.

SECTION II. — Procédure ordinaire du Divorce.

SOMMAIRE :

§ 1er. — PROCÉDURE PRÉLIMINAIRE

ART. 236. — *Toute demande en divorce détaillera les faits : elle sera remise avec les pièces à l'appui, s'il y en a, au président du tribunal ou au juge qui en fera les fonctions, par l'époux demandeur en personne, à moins qu'il n'en soit empêché par la maladie ; auquel cas sur sa réquisition et le certificat de deux docteurs en médecine ou en chirurgie, ou de deux officiers de santé, le magistrat se transportera au domicile du demandeur pour y recevoir sa demande.*

ART. 237. — *Le juge, après avoir entendu le demandeur et lui avoir fait les observations qu'il croira convenables, paraphera la demande et les pièces, dressera procès-verbal de remise du tout entre ses mains. Ce procès-verbal sera signé par le juge et par le demandeur à moins que celui-ci ne sache ou ne puisse signer auquel cas il en sera fait mention.*

ART. 238. — *Le juge ordonnera au bas de son procès-verbal que les parties comparaîtront en personne devant lui, au jour et à l'heure qu'il indiquera; et qu'à cet effet, copie de son ordonnance sera par lui adressée à la partie contre laquelle le divorce est demandé.*

ART. 239. — *Au jour indiqué, le juge fera aux deux époux, s'ils se présentent, ou au demandeur s'il est seul comparant, les représentations qu'il croira propres à opérer un rapprochement; s'il ne peut y parvenir, il en dressera procès-verbal et ordonnera la communication de la demande et des pièces au ministère public, et le référé du tout au tribunal.*

ART. 240. — *Dans les trois jours qui suivront, le tribunal sur le rapport du président ou du juge qui en aura fait les fonctions et sur les conclusions du ministère public, accordera ou suspendra la permision de citer. La suspension ne pourra excéder le terme de vingt jours.*

SOMMAIRE :

I. — Caractères généraux de la procédure.
II. — De la demande en divorce.
III. — Cas de maladie du demandeur.
IV. — Des pièces à l'appui de la requête.
V. — Rôle du Président.
VI. — Tentative de conciliation faite par le Président.
VII. — Du cas où l'un des époux fait défaut.
VIII. — Du permis de citer.

I. Pendant toute cette phase de la procédure, le demandeur en divorce est tenu de comparaître en personne. Avant de permettre l'engagement définitif de la lutte, le législateur veut faciliter la conciliation des parties : il a cru que le meilleur moyen de rendre un rapprochement possible, était d'obliger les parties à venir elles-mêmes écouter les exhortations bienveillantes du président et du tribunal.

Dans un conflit ou se trouvent engagées les questions les plus délicates et souvent du caractère le plus intime, l'intervention d'un mandataire eût été à l'encontre des intentions conciliantes du législateur ; tel, en effet, peut donner à son représentant l'instruction la plus formelle de repousser toute tentative de rapprochement, qui, sous l'influence des considérations élevées que feront valoir les magistrats, se laissera toucher et tentera de bonne foi un nouvel essai de la vie commune.

II. — Le demandeur remet une requête au président du tribunal devant lequel il comparaît. Cette requête doit contenir une énumération complète des faits sur lesquels repose sa demande. Ce sont ces faits mêmes qui serviront de fondement à toute l'instruction du procès.

Aussi doivent-ils être exposés de la manière la plus complète. Toute fois, des faits pourront être valablement produits postérieurement bien que la requête ne les mentionne pas (1). Il serait en effet contraire à tout bon sens de prétendre que les faits omis doivent, d'après l'art. 236 être réputés non existants. Ce serait créer un obstacle à la démons-

(1) *V.* Bruxelles, 9 mars 1874. *Pas.* 74.11.200.
Contrà trib. Seine, 1er prairial, an XIII, et Paris 14 mars 1806. Sir. 6, 2, 528 ; Riom, 18 nivose, an XII, Sir., *coll. nouv.*, 1, 2, 171.

tration de la vérité, ce qui n'a pu être dans la volonté du législateur.

Le tribunal pourra donc prendre en considération les faits nouveaux qui lui seront révélés par des conclusions au cours de l'instance, pour les mettre en rapport avec les faits détaillés dans la requête et déterminer ainsi la gravité de ces derniers. (1)

Il est dit que la requête doit-être remise par l'époux demandeur en personne. Est-ce à dire pour cela qu'il aura dû la rédiger lui-même, sans recourir aux lumières d'aucun conseil ? tel n'est pas évidemment le sens de notre article, c'eût été créer entre les plaideurs une inégalité bien injuste que de limiter chacun à la seule ressource de ses lumières personnelles. Dans certains tribunaux très chargés d'affaires l'administration de la justice serait impraticable, s'il fallait que les magistrats consultassent les documents rédigés par les parties elles-mêmes; outre les longueurs et les obscurités dont les gens illettrés ne peuvent se défendre, on y trouverait toujours les exagérations passionnées, auxquelles en cette matière plus qu'en tout autre se laissent entraîner les plaideurs.

Aussi, l'usage s'est-il introduit, devant les tribunaux belges, d'exiger du demandeur de faire signer sa requête par un avoué; outre que cette mesure facilite la bonne expédition des affaires, elle garantit le magistrat contre toute mystification et lui assure l'identité du plaignant; tout porte à croire que le même usage s'introduira auprès des tribunaux français.

III. Au cas de maladie du demandeur, la comparution personnelle des parties devient impossible, mais le président du tribunal ou un magistrat qu'il peut se

(1) V. Bruxelles, 25 février 1884, *Pasicrisie* 1844. I. 840; Cass. belge, 28 février 1845, *Pasicrisie* 1847. I, 152.

susbtituer est tenu de se transporter au domicile, afin d'exercer auprès de lui la mission conciliatrice que lui a confiée la loi. La maladie sera d'ailleurs prouvée par le certificat de deux docteurs en médecine ou chirurgiens, ou de deux officiers de santé. Peu importe que la requête soit, dans la forme, adressée au Président seul ou au Tribunal tout entier. (1)

IV. — La requête doit être accompagnée de pièces à l'appui, s'il y en a. Les pièces à l'appui sont des commencements de preuve qui rendent la demande vraisemblable. Par exemple, les correspondances, certificats de médecins constatant les mauvais traitements, acte de notoriété prouvant l'abandon du domicile conjugal. Le président ne pourrait recevoir toutefois de simples copies de lettres (2).

V. — Le président du tribunal, après avoir écouté l'exposé des griefs du demandeur, lui fait les observations qu'il croit convenables. D'ordinaire, elles ont rapport à la gravité des faits allégués, à la difficulté de la preuve et au scandale qu'elle peut produire, à la possibilité d'excuses qui résulteraient de la légèreté de caractère du défendeur ou de sa faiblesse, aux concessions réciproques qu'exige la vie commune à l'intérêt des enfants. Si le demandeur persiste dans sa résolution, le président paraphera la demande et les pièces, et dressera procès-verbal de la remise du

(1) Bruxelles, 26 mars 1881, *Pasicrisie*, 1881, 3, 184; Liège, 31 mai 1865, *Pasicrisie*, 1865, 2, 231.

(2) *V.* Bruxelles, 28 avril 1875. *Belgique judiciaire*, 75, p. 644.

tout entre ses mains. Le procès-verbal sera signé par le juge et le demandeur.

Cette première formalité n'est que le prélude de l'essai de rapprochement que le président doit tenter d'opérer entre les époux lorsqu'ils comparaîtront l'un et l'autre devant lui en son cabinet ; les représentations bienveillantes qui n'ont pu ébranler la volonté du demandeur, seront, peut-être, plus efficaces lorsque les deux époux se trouveront face à face, surtout si le magistrat provoque chez le défendeur la manifestation d'un repentir : tel a été du moins l'espoir du législateur.

L'article 238 dit que le président adressera copie de son ordonnance à la partie contre laquelle le divorce est demandé. La loi ne dit pas en quelle forme cette communication sera faite. Nous pensons qu'elle pourrait valablement être faite par la poste ; mais en pratique, ce mode de procéder n'offrirait pas de garanties suffisantes. Si le domicile du défendeur est inexactement indiqué, la lettre revient purement et simplement ; la mention de retour ne contient aucun des renseignements utiles que fournirait l'acte d'huissier en pareil cas ; on ne saurait, surtout dans les grandes villes, adopter un semblable système. Les magistrats belges l'ont bien compris, car ils ont adopté l'usage de faire signifier l'ordonnance par huissier audiencier, et la jurisprudence est venue confirmer cette interprétation de la loi (1).

Quant au demandeur, aucune communication ne

(1) *V.* Bruxelles, 11 mars 1844. *Pasicrisie* 1844, II, 92; Trib. Bruxelles 20 mars 1881. *Pasicrisie* 1881, III, 184; Liège 31 mai 1865 P. 1865, II, 231.

lui est adressée, il était présent lorsque le jour et l'heure de la comparution ont été fixés par le président, il doit s'y rendre sans nouvel avis.

VI. — Au jour indiqué par l'ordonnance, les époux doivent se présenter devant le président ou le juge qui le remplace. Le magistrat tentera alors un rapprochement, il leur fera, selon l'expression de la loi, « toutes les représentations » propres à empêcher la rupture définitive du mariage.

La loi exige que les parties comparaissent en personne. Peuvent-elles se faire accompagner d'un conseil ou d'un parent ? L'article 877 du code de procédure civile le prohibe pour la séparation de corps. Faut-il étendre cette défense au divorce ? Nous le croyons. Chaque fois en effet que la loi prescrit la comparution personnelle des époux, si elle les autorise à se faire assister de conseils, elle prend soin de le dire ; dans le cas particulier qui nous occupe, elle reste muette; nous devons en conclure qu'elle ne leur accorde pas ce droit (1).

Cependant il a été jugé par la Cour de Cassation que les dispositions de l'art. 877 c. pr. civ. ne sont pas prescrites à peine de nullité (2) et la Cour de Bruxelles en a tiré cette conséquence que les parties pourront se faire assister, devant le Président, d'un parent (3). Nous pensons toutefois que le Président du tribunal est armé, en ce cas, d'un pouvoir discrétionnaire et qu'il peut interdire l'assistance des per-

(1) *V.* Laurent III, n. 228, p. 273.

(2) *V.* Cass., 28 mai 1828. Sir. 28.1.243.

(3) *V.* Bruxelles, 9 août 1848, *Pasicrisie* 1848. II, 310 (*Belgique judiciaire* 1848, p. 1220).

sonnes qui lui paraîtraient pouvoir entraver son œuvre conciliatrice.

VII. — Nous avons supposé jusqu'ici que les deux époux comparaissaient, mais les choses ne se passeront pas toujours ainsi. Il peut, en effet, arriver que l'une des parties ne comparaisse pas; si c'est le demandeur qui fait défaut, il sera considéré comme ayant retiré sa demande, (1) sans toutefois perdre son droit d'exercer de nouveau son action en divorce en l'appuyant sur les mêmes causes. Si au contraire c'est l'époux défendeur qui ne se présente pas, le président se borne à réitérer auprès du demandeur les exhortations qu'il lui a adressées une première fois lorsqu'il a présenté sa requête.

Lorsque la tentative n'aura pas abouti, le président dressera procès-verbal, et ordonnera, en même temps que la communication au ministère public, le référé au tribunal. Nous retrouvons ici l'intervention du ministère public, représentant de la société et gardien de l'intérêt général.

VIII. — Par le référé du président, le tribunal est saisi de l'affaire. Ce n'est pas cependant pour juger le fond du procès que les juges en prennent connaissance; c'est seulement pour accorder la permission de citer, car contrairement à ce qui se passe dans les procès ordinaires, en matière de divorce, c'est le tribunal tout entier qui doit accorder cette permission.

Mais, le Tribunal, doit-il forcément accorder cette permission, ou a-t-il le droit de la refuser? Le Tribunal peut non seulement refuser complètement le

(1) *V.* Zachariæ (Massé et Vergé), I, p. 257, note 10.

permis de citer, — car s'il est appelé à l'accorder, c'est parce qu'il a le droit de le refuser (1) — mais encore, ordonner que la citation sera suspendue pendant un délai qui ne pourra dépasser vingt jours.

C'est là un pouvoir exorbitant dont la loi investit les magistrats, mais il faut recon-naître qu'il est absolument en harmonie avec l'idée générale qui a inspiré le législateur ; à savoir opposer à l'impatience des plaideurs les lenteurs d'une procédure qui, par sa durée même, peut apporter à leurs passions quelque tempérament.

Le tribunal statue par un jugement. Il a été décidé que ce jugement n'est pas purement préparatoire et qu'en conséquence il est susceptible d'appel (2).

Une fois le délai de suspension expiré, l'époux demandeur doit revenir devant le tribunal, qui lui accordera immédiatement la permission de citer (3).

Notons en dernier lieu, que le tribunal saisi par le référé du président, doit statuer dans les trois jours. Ce délai n'est fixé que pour le juge ; en conséquence, on ne saurait le déclarer prescrit à peine de nullité (4).

Le défendeur qui aurait fait défaut dans toute cette procédure, que nous appellerons *préliminaire*, n'aura aucune voie de recours, si ce n'est l'appel du jugement qui accorde la permission de citer.

(1) *V.* Laurent III, p. 274, n. 229. *Contrà* Zachariæ, § 480.

(2) *V.* Bruxelles. 5 juin 1854, *Pasicrisie* 1854, II, 354 (*Belgique judiciaire*, 1854, p. 929); Bruxelles, 25 juin 1852. *Pasicrisie* 1863, II, 359. Laurent III, n. 246, p. 226. *V.* toutefois, *Belgique judiciaire*, XVII, p. 204.

(3) *V*, Zachariæ (Massé et Vergé), I, p. 257; Besançon, 16 août 1811.

(4) *V.* Zachariæ (Massé et Vergé), I, p. 257, note 11.

§ 2e

De la procédure secrète

ART. 241. — *Le demandeur en vertu de la permission du tribnnal, fera citer le défendeur dans la forme ordinaire, à comparaître en personne à l'audience à huis-clos dans le délai de la loi; il fera donner copie, en tête de la citation, de la demande en divorce et des pièces produites à l'appui.*

ART. 242. — *A l'échéance du délai, soit que le défendeur comparaisse ou non, le demandeur en personne, assisté d'un conseil, s'il le juge à propos exposera ou fera exposer les motifs de sa demande; il représentera les pièces qui l'appuient et nommera les témoins qu'il se propose de faire entendre.*

ART. 243. — *Si le défendeur comparaît en personne ou par un fondé de pouvoir, il pourra proposer ou faire proposer ses observations, tant sur les motifs de la demande que sur les pièces produites par le demandeur et sur les témoins par lui nommés. Le défendeur nommera de son côté les témoins qu'il se propose de faire entendre, et sur lesquels le demandeur fera réciproquement ses observations.*

ART. 244. — *Il sera dressé procès-verbal des comparutions, dires et observations des parties, ainsi que des aveux que l'une ou l'autre pourra faire. Lecture de ce procès-verbal sera donnée auxdites parties qui seront requises de le signer, et il sera fait mention expresse de leur signature ou de leur déclaration de ne pouvoir ou ne vouloir signer.*

SOMMAIRE :

I. — De la procédure de l'audience à huis-clos.
II. — Controverse sur l'article 243.
III. — Formalités qui terminent la procédure secrète.
IV. — Cas particulier où l'époux défendeur fait défaut.

I. — Le permis de citer accordé par le tribunal, la procédure contentieuse commence. Nous distinguerons successivement deux phases, qui forment à vrai dire deux parties distinctes de l'instance : la période secrète et la période publique.

Tous les actes de la période secrète se passent en Chambre du Conseil, mais ici existe une grande différence avec la tentative de réconciliation que nous avons rencontrée plus haut. Tandis que dans cette tentative, les parties sont en présence du président, intervenant personnellement et cherchant, autant que possible à empêcher la rupture du lien conjugal, en Chambre du Conseil, au contraire, nous avons une véritable procédure contradictoire où chaque partie peut ameuer avec elle un conseil ; aussi l'article 241 dit-il que cette comparution a lieu « à l'audience à huis-clos. »

L'époux demandeur, en vertu de la permission de citer, assignera son adversaire dans la forme ordinaire (1). De plus, copie des pièces produites à l'appui

(1). Il a été jugé que la femme demanderesse n'a pas besoin de l'autorisation de son mari pour lancer cette assignation. A la

de la demande en divorce sera faite en tête de l'assignation.

Ici deux hypothèses peuvent se présenter : ou le défendeur comparaît, ou il fait défaut.

Au premier cas, le demandeur expose ses griefs, présente les pièces à l'appui et nomme les témoins qu'il se propose de faire entendre; le défendeur présente ses observations tant sur les motifs et la demande, que sur les témoins et les pièces. Il doit de son côté déclarer quelles sont les pièces qu'il veut produire et les témoins qu'il veut faire entendre.

II. — Il n'existe sur tous ces points aucune difficulté. Cependant, dans le cas où le défendeur devra faire entendre des témoins, il existe sur l'application de l'article 243, une grave divergence entre la doctrine et la jurisprudence.

La jurisprudence admet qu'au cas où le défendeur n'a pas nommé ses témoins, ni fait de réserves en indiquant les motifs pour lesquels il ne les nomme pas, il ne pourra plus les produire dans le cours de l'instance; la jurisprudence, dans cette solution, s'inspire de la lettre de l'art. 243, déclarant que cet article est impératif. (1) La doctrine soutient, au contraire, que le juge ne peut pas ordonner d'office

rigueur, cette autorisation se trouvait dans le jugement qui permet à la femme d'assigner son mari. (V. Poitiers 2 prairial an XII Sir. *Coll. nouv.* I, II, 192).

Notons que l'ajournement « dans les délais de la loi » suffit sans aucune autre indication (V. Paris 13 fructidor an XI. Sir. *Coll. nouv.* I, II, 161).

(1) *V.* Cass. Belge, 29 février 1840, *Pasicrisie*, 1840, I, 307; Bruxelles, 6 avril 1833, *Pasicrisie*, 1833. II, 119.

au défendeur de nommer des témoins (et sur ce terrain elle se rencontre avec la jurisprudence), mais que, s'il ne les a pas indiqués au début, il aura toujours la faculté de les désigner, jusqu'au moment prévu par l'article 249 et après lequel cette faculté lui est formellement interdite, c'est-à-dire jusqu'à la déclaration faite par le Président qu'aucun autre témoin ne sera plus admis.

La doctrine invoque outre l'esprit général du titre VI, qui est évidemment favorables à la preuve testimoniale, l'art. 240 qui est formel. (1)

III. — Procès-verbal est dressé de toutes les formalités exigées par la loi (comparutions, dires et observations des parties,) lecture en est donnée aux époux qui le signent, — et, s'ils ne peuvent ou ne veulent signer, — il en est fait mention.

En cet état le Tribunal rend un jugement qu déclare si la demande en divorce est ou n'est pas *admissible*. Ici finit la procédure à huis-clos.

En supposant que le tribunal déclare qu'il n'y a pas lieu d'admettre la demande en divorce, la procédure s'arrête, — sauf à l'époux demandeur à interjeter appel.

Si, au contraire, la demande en divorce est déclarée admissible, le tribunal rend une ordonnance par laquelle il renvoie les parties à l'audience publique. Cette ordonnance contient plusieurs indications : elle fixe d'abord le jour et l'heure de la comparution, elle commet un juge rapporteur et ordonne la communication au ministère public.

(1) Laurent III, n. 230, p. 275.

Dans toute la procédure que nous venons d'examiner, la loi exige la comparution *en personne* de l'époux demandeur, l'époux défendeur, au contraire, pourra se faire représenter par son avoué (art. 243). Le motif de la loi est facile à apercevoir. On a voulu avoir à chaque instant de l'instance une preuve sérieuse, une manifestation certaine de la volonté bien arrêtée de l'époux demandeur, et cette manifestation de volonté ne pouvait résulter plus clairement que de la comparution personnelle. Tandis que, en ce qui concerne l'époux défendeur. « Il importe même, dit M. Laurent (1), de ne pas « mettre l'époux coupable en présence du demandeur, « c'est une occasion d'irritation de moins. »

IV. — Il nous reste maintenant à examiner le cas où le défendeur fait défaut. La procédure sera exactement la même. Le jugement sera rendu par défaut et la seule ressource du défendeur sera l'appel.

L'opposition, en effet, n'existait pas, pour les jugements en premier ressort au moment où le Code civil a eté promulgué; on était à cette époque sous l'empire de l'Ordonnance de 1667 qui rangeait l'opposition parmi les voies de recours extraordinaires (2).

Toutefois, l'ordonnance du tribunal renvoyant les parties à l'audience publique devra être signifiée au défendeur qui aurait fait défaut (art. 245), dans un délai indiqué par l'ordonnance elle-même. Cette signification est inutile au cas où le débat a été contra-

(1) *V.* Laurent III, n. 242, p. 286.

(2) *V.* Dalloz J.-G., v°, *Sep. de corps*, n. 488, et Willequet *du divorce*, p. 172.

dictoire, car, selon la remarque de Delvincourt (1) : « Si les deux parties sont présentes le prononcé de « l'ordonnance vaut signification. »

---

§ 3e

Procédure publique,

A. — PROCÉDURE A L'AUDIENCE

ART. 245. — *Le tribunal renverra les parties à l'audience publique dont il fixera le jour et l'heure, il ordonnera la communication de la procédure au ministère public et commettra un rapporteur. Dans le cas où le défendeur n'aurait pas comparu, le demandeur sera tenu de lui faire signifier l'ordonnance du tribunal dans le délai qu'elle aura déterminé.*

ART. 246. — *Au jour et à l'heure indiqués, sur le rapport du juge commis, le ministère public entendu, le tribunal statuera d'abord sur les fins de non-recevoir, s'il en a été proposé. En cas qu'elles soient trouvées concluantes, la demande en divorce sera rejetée; dans le cas contraire, ou s'il n'a pas été proposé de fin de non-recevoir, la demande en divorce sera admise.*

(1) *V.* Delvincourt, sur l'art. 245.

ART. 247. — *Immédiatement après l'admission de la demande en divorce sur le rapport du juge commis, le ministère public entendu, le tribunal statuera au fond. Il fera droit à la demande si elle lui paraît en état d'être jugée; sinon il admettra le demandeur à la preuve des faits pertinents par lui allégués et le défendeur à la preuve contraire.*

ART. 252. — *Tout jugement qui admettra une preuve testimoniale dénommera les témoins qui seront entendus et déterminera le jour et l'heure auxquels les parties devront les présenter.*

ART. 248. — *A chaque acte de la cause, les parties pourront, après le rapport du juge et avant que le ministère public ait pris la parole, proposer ou faire proposer leurs moyens respectifs, d'abord sur les fins de non-recevoir et ensuite sur le fonds; mais en aucun cas le conseil du demandeur ne sera admis, si le demandeur n'est pas comparant en personne.*

SOMMAIRE :

I. — Formalités préliminaires.
II. — Nécessité de deux jugements.
III. — Des enquêtes. Règles spéciales quant aux témoins.
IV. — Des formalités relatives à l'enquête.
V. — Jugement. Pouvoir des juges.

I — Les parties comparaissent à l'audience publique au jour et à l'heure indiqués par l'ordonnance du tribunal, dont nous avons parlé plus haut. Elles peuvent comparaître seules ou assistées de leurs conseils.

Toutefois, nous devons renouveler ici encore la remarque que nous avons faite dans le chapitre précédent, à savoir que le demandeur doit toujours être présent de sa personne.

Dans cette période, la loi a perdu tout espoir de conciliation, elle a cependant ordonné la présence personnelle du demandeur parcequ'elle croit que, nul mieux que lui ne pourra donner les renseignements propres à la manifestation de la vérité.

Quant au défendeur, il a pu ne pas comparaître. Dans ce cas le demandeur sera tenu de lui faire signifier l'ordonnance du Tribunal dans le délai qu'elle aura déterminé.

II. — L'audience s'ouvre par le rapport du juge commissaire. Puis les parties « proposent leurs fins de non recevoir, » nous dit l'art. 246. Il ne faudrait pas prendre cette expression : « *fins de non recevoir* » dans son sens technique et spécial, c'est-à-dire dans le sens qui lui est donné par les articles 272 et suivants que nous aurons à examiner plus loin. L'art. 246 veut dire simplement que les parties proposeront toutes les exceptions qui peuvent faire rejeter la demande : les fins de non-procéder, aussi bien que les fins de non-recevoir proprement dites. L'époux défendeur pourra opposer, par exemple, l'*exception d'incompétence* ou s'abriter derrière le défaut de cause *légale* de divorce (1).

III. — Après avoir entendu les observations des par-

(1). *V.* Laurent III, N. 231 p. 276; Zachariæ (Massé et Vergé). I. p. 258, note 18. — Trib. d'Anvers 8 août 1874, *Belgique judiciaire* 1876 p. 1261.

ties, le tribunal entend celles du ministère public, puis il rend son jugement. Si le défendeur a opposé des fins de non-recevoir jugées valables par le tribunal, la demande est rejetée. Si, au contraire aucune exception n'a été proposée, ou si celles qui l'ont été paraissent aux juges insuffisantes, le divorce sera *admis*. C'est un premier jugement que rend le tribunal sur le fond du procès et qui va être comme le prélude du divorce.

IV. — Aussitôt après ce premier jugement, il en intervient un second qui rejette ou admet le divorce ou tout au moins autorise le demandeur à prouver les faits allégués. Car le tribunal peut prendre l'un de ces trois partis : rejeter le divorce s'il juge la demande mal fondée, ou l'admettre si les faits allégués lui paraissent prouvés, ou enfin ordonner une enquête, si les faits lui semblent pertinents et admissibles, mais non suffisamment établis. Ce jugement ne peut être rendu qu'après un second rapport du juge commissaire et de nouvelles conclusions du ministère public (art. 247).

Le jugement qui admet la preuve testimonale doit dénommer les témoins qui seront entendus et déterminer le jour et l'heure auxquels les parties devront les présenter.

V.— La jurisprudence et la doctrine sont ici en désaccord sur un point, celui de savoir si les deux jugements sont absolument indispensables. M. Laurent (1) pense que non, et critique un arrêt de la Cour suprême qui avait cassé une décision qui repoussait le

(1). *V.* Laurent III. n° 232 p. 276 et 277.

divorce, en déclarant les faits pertinents sans avoir rendu préalablement le jugement qui doit admettre la demande.

Contrairement à ce savant auteur, nous nous rangeons du côté de la jurisprudence ; lui-même, du reste, semble se condamner par les raisons qu'il donne à l'appui de son opinion : il déclare avec franchise que la loi a été violée, mais cela, ajoute-t-il, lui importe peu, le premier jugement n'étant que de pure forme, et l'arrêt de la Cour attaqué ne touchant pas aux principes essentiels de la procédure du divorce. Nous ne pouvons, quant à nous, admettre que les juges seront maîtres de négliger les formalités exigées par la loi, quand elles ne toucheront pas aux bases fondamentales du procès.

L'arrêt de la Cour de cassation du 18 frimaire an XIV nous semble avoir définitivement tranché la question ; les Cours de Paris et de Bruxelles ont, du reste, confirmé cette jurisprudence (1).

Cependant, il ne faudrait pas aller trop loin et faire de la loi une interprétation judaïque. Le second jugement pourra fort bien être rendu le lendemain du premier, quoique l'art. 247 dise *immédiatement* (2).

N'oublions pas de dire que pendant toute cette procédure, après le rapport du juge et avant les conclusions du ministère public, les parties pourront proposer ou faire proposer leurs moyens respectifs, d'abord sur les fins de non-recevoir et ensuite sur le fond.

(1) *V.* L'arrêt de cassation du 13 frimaire an XII. Dalloz J. G. V° *sép. de corps*, n° 470, 3° ; Paris 27 mars 1813 *Cod. loc.* 2° ; Bruxelles, Merlin. *Rép.* V° *divorce* sect. IV. §. 13 n° 1.

(2) V. Liège 6 juillet 1826, *Pasicrisie* 1826. II. 226.

B. — DES ENQUÊTES

ART. 249. — *Aussitôt après la prononciation du jugement qui ordonnera les enquêtes, le greffier du tribunal donnera lecture de la partie du procès-verbal qui contient la nomination déjà faite des témoinsque les parties se proposent de faire entendre. Elles seront averties par le président qu'elles peuvent encore en désigner d'autre, mais qu'après ce moment elles n'y seront plus reçues.*

ART. 250. — *Les parties proposeront de suite leurs reproches respectifs contre les témoins qu'elles voudront écarter. Le tribunal statuera sur ces reproches après avoir entendu le ministère public.*

ART. 251. — *Les parents des parties, à l'exception de leurs enfants et descendants ne sont pas reprochables du chef de la parenté, non plus que les domestiques des époux en raison de cette qualité Mais le tribunal aura tel égard que de raison aux dépositions des parents et domestiques.*

ART. 253. — *Les dépositions des témoins seront reçues par le tribunal séant à huis-clos, en présence du ministère public, des parties et de leurs conseils ou amis jusqu'au nombre de trois de chaque côté.*

ART. 254. — *Les parties, par elles ou par leurs conseils pourront faire aux témoins telles observations et interpellations qu'elles jugeront à propos, sans pouvoir néanmoins les interrompre dans le cour de leurs dépositions.*

Art. 255. — *Chaque déposition sera rédigée par écrit et ainsi que les dires et observations auxquels elle aura donné lieu. Le procès-verbal d'enquête sera lu tant aux témoins qu'aux parties : les uns et les autres seront requis de le signer, et il sera fait mention de leur signature ou de leur déclaration qu'ils ne peuvent ou ne veulent signer.*

Art. 256. — *Après la clôture des deux enquêtes ou de celle du demandeur, si le défendeur n'a pas produit de témoins, le tribunal renverra les parties à l'audience publique dont il indiquera le jour et l'heure; il ordonnera la communication de la procédure au ministère public et commettra un rapporteur. Cette ordonnance sera signifiée au défendeur à la requête du demandeur, dans le délai qu'elle aura déterminé.*

SOMMAIRE :

I. — Des témoins qui peuvent être reprochés.
II. — A quel moment le reproche doit être formulé ?
III. — Du mode de déposition des témoins.
IV. — Le Tribunal peut-il faire son enquête par commission rogatoire ?

I. — Nous avons vu plus haut qu'au cas où les faits pertinents et admissibles ne sont pas suffisamment prouvés, le tribunal peut ordonner une enquête. En toute matière, les tribunaux ont ce pouvoir, mais ici le législateur a tracé des règles spéciales qu'il s'agit de bien mettre en lumière, car elles sont une importante partie de l'instance en divorce.

Le premier et le plus essentiel des éléments de l'enquête c'est le témoignage ; des témoins vont donc être entendus. Mais qui pourra servir de témoin ?

D'après l'art. 283 C. pr. civ. certaines personnes peuvent être reprochées c'est-à-dire, écartées comme témoins, ce sont « les parents ou alliés de l'une des « parties jusqu'au degré de cousin issu de germain « inclusivement.... l'héritier présomptif...., le dona- « taire.... celui qui aura bu ou mangé avec la par- « tie depuis la prononciation du jugement qui aura « ordonné l'enquête.... les serviteurs et domesti- « ques etc. » Les dispositions de cet article vont-elles s'appliquer à notre matière ?

Cette question donne lieu à de vives controverses. Il est d'abord certains points qui sont hors de conteste : l'article 251 dit formellement : « les parents des « parties à l'exception de leurs enfants et descen- « dants ne sont pas reprochables du chef de la pa- « renté, non plus que les domestiques des époux en « raison de cette qualité. » Le législateur a jugé avec raison que les faits qui donnent lieu au divorce se passent souvent loin des regards des étrangers, au sein de la famille, et que priver le uge du témoignage des domestiques et des parents serait rendre la preuve impossible. Il est cependant certains parents que la loi écarte formellement, ce sont les enfants, qui, a-t-on pensé, seraient dans une position à la fois trop pénible et trop embarrassée s'ils étaient forcés de venir déposer contre leur père ou contre leur mère, souvent même contre tous les deux.

L'art. 251 ne parle que des parents, mais il est évident que, sous ce nom générique, il comprend aussi les alliés, car si les parents ne sont pas reprochables, pourquoi reprocherait-on des alliés ?

Jusqu'ici nous ne rencontrons donc aucune difficulté, mais la question se complique si l'on va au fond des choses.

Et d'abord, l'art. 251 parle des enfants et descendants sans rien ajouter de plus. Or, les enfants peuvent être légitimes, naturels ou adoptifs ; il peut même se faire qu'on rencontre dans la famille des enfants légitimes d'un précédent mariage. La loi a-t-elle voulu parler seulement des enfants nés des deux conjoints, ou de tous les enfants quelle que soit leur qualité ? Nous pensons que la loi embrasse, dans la généralité de ses expressions, tous les enfants. En effet, si le législateur avait voulu faire une distinction, il l'aurait certainement indiquée dans le texte. En vain objectera-t-on qu'il n'y a plus, lorsqu'il s'agit d'enfants naturels, adoptifs ou nés d'un précédent mariage (1) les mêmes raisons d'écarter leur témoignage ; cela n'est d'abord vrai que pour l'un des époux, de plus, on peut ajouter, que l'enfant sera toujours enclin à charger l'adversaire de celui à qui il doit le jour et que son témoignage pourra être suspect (2).

La jurisprudence Belge a été plus loin, et un jugement du Tribunal de Termonde (3) déclare que les enfants des parties ne sont pas seulement reprochables, mais que « leur témoignage est inadmissible ».

(1). Rennes 22 janvier 1840. Sir, 40,249.

(2). V. Bruxelles 20 février 1858 *Pasicrisie*, 1858. 2.60 ; Douai 16 août 1853, Dall. 24. 5.689.

Contra, Demolombe IV. n° 480 bis.

(3). V. Tribunal de Termonde 9 juin 1858, *Belgique judiciaire* 1858. p. 1067.

La dérogation au droit commun que nous trouvons dans l'art. 251, s'applique-t-elle à toutes les personnes énumérées par l'art. 283 C. Pr. Civ., en d'autres termes, le donataire, celui qui a bu ou mangé avec la partie, et à ses frais depuis la prononciation du jugement qui a ordonné l'enquête etc., peuvent-ils, comme les parents, et les domestiques être entendus comme témoins dans une instance de divorce ? Il nous semble, malgré l'avis contraire de la jurisprudence, que cette extension ne peut être admise. L'art. 251, en effet est une exception à la règle générale, et « *exceptiones strictissimæ interpretationis sunt* » ; en outre les motifs qui ont fait admettre la dérogation en faveur des gens de la maison ne se retrouvent plus dans les autres cas de reproches formulés par l'art. 283 C. Pr. Civ. (1)

C'est le tribunal qui, par un jugement, doit statuer, après avoir entendu le ministère public, sur les reproches faits aux témoins.

II. Aussitôt après la prononciation du jugement qui ordonne l'enquête, le greffier donne lecture de la partie du procès-verbal mentionné à l'art. 244, qui contient la nomination déjà faite des témoins que les parties se proposent de faire entendre (art. 249).

Le président les avertit qu'elles peuvent encore désigner d'autres témoins, mais qu'à partir de ce moment elles ne le pourront plus.

(1). *V.* Laurent III. n° 234. p. 259; Zachariæ (Massé et Vergé). I. p. 259. note 20 ; Demolombe IV. n° 480 ; Aubry et Rau X. p. 181 note 37. V. en sens contraire. Cass. 8 juillet 1813, Dalloz J. G. v° *sép. de corps* n° 220. (Sir. 15. 1. 128) ; Bruxelles 28 décembre 1815, *Pasicrisie* 1815 p. 554.

Les parties après la désignation des témoins, doivent présenter « de suite », dit l'art. 250, leurs reproches. Cette disposition impérative ne devrait pas être appliquée avec une sévérité trop grande ; la partie pourra présenter ses reproches plus tard, — il a même été jugé qu'elle pourra le faire en appel (1), — si au moment où le témoin a été désigné elle n'avait pas eu connaissance de la cause de reproche ; c'est que dans un cas pareil, il n'y a aucune faute à imputer à la partie, et, lui refuser le droit de reproche, serait lui infliger une déchéance qu'elle n'a certainement pas méritée (2).

III. — Les dépositions seront reçues par le tribunal séant à huis-clos, en présence du ministère public, des parties et de leurs conseils ou amis, jusqu'au nombre de trois. Nous trouvons ici une dérogation importante au droit commun : les témoins sont entendus, non pas par un juge-commissaire, mais par le tribunal tout entier.

IV. — Mais quel tribunal sera-ce ? Evidemment le tribunal saisi de l'action en divorce. Il peut, cependant, arriver qu'un autre tribunal doive être commis pour entendre des témoins (art. 255, c. pr. civ.), cette commission rogatoire sera-t-elle possible en notre matière ? La Doctrine et la Jurisprudence sont d'accord pour répondre négativement (3), et cela parce

(1). *V.* Liège 20 avril 1822 *Pasicrisie* 1822 2. 112.

(2). *V.* Laurent III. p. 280. n° 235.

(3). *V.* Laurent III. p. 281, n° 236 ; Zachariæ (Massé et Vergé) I. p, 259 note 22. — Bruxelles 7 janvier 1833. *Jurisprudence* 1833, 2.268 ; Trib. de Bruxelles 9 avril 1874, *Pasicrisie* 1874. III. 200. (*Belgique judiciaire* 1874 p. 1033). Comp. Cass. Darmstadt 5 mai 1829, *Belgique judiciaire* t. XVII p. 1380 n° 254.

qu'il importe que, dans notre matière, les témoins soient entendus en présence des parties.

Les parties, par elles-mêmes ou par leurs conseils, pourront faire aux témoins telles observations et interpellations qu'elles jugeront à propos. Chaque déposition doit être rédigée par écrit, ainsi que les dires et observations auxquels elle a donné lieu. Le procès-verbal d'enquête sera lu aux témoins et aux parties, les uns et les autres seront ensuite requis de le signer, et mention est faite de leur signature ou de la déclaration qu'ils ne peuvent ou ne veulent signer.

Après la clôture des enquêtes, ou de celle du demandeur si le defendeur n'a pas produit des témoins, le tribunal renverra les parties à l'audience publique, dont il indiquera le jour et l'heure ; il ordonnera ensuite que communication de la procédure soit faite au ministère public, et, par la même ordonnance il nommera un juge rapporteur. Cette ordonnance doit être, sur la requête du demandeur, signifiée au défendeur — encore même que celui-ci ait comparu (1) — dans un délai qu'elle indique. Ce délai n'est pas prescrit à peine de nullité (2).

C. — JUGEMENTS DÉFINITIFS

ART. 257. — *Au jour fixé pour le jugement définitif, le rapport sera fait par le juge-commis : les parties pourront ensuite faire, par elles-mêmes ou par l'organe de leurs conseils, telles observations*

(1) *V.* Bruxelles (arrêt sans date). Sir. 5. 2. 38. Zachariæ (Massé et Vergé). I. p. 260 note 25.

(2) *V.* Bruxelles 30 mai 1859, *Pasicrisie* 1860, 2.184. — Laurent III. n° 240.

qu'elles jugeront utiles à leur cause; après quoi le ministère public donnera ses conclusions.

ART. 258. — *Le jugement définitif sera prononcé publiquement; lorsqu'il admettra le divorce, le demandeur sera autorisé à se retirer devant l'officier de l'Etat-civil pour le faire prononcer.*

ART. 259. — *Lorsque la demande en divorce aura été formée pour cause d'excès, de sévices ou d'injures graves, encore qu'elle soit bien établie, les juges pourront ne pas admettre immédiatement le divorce. Dans ce cas, avant de faire droit, ils autoriseront la femme à quitter la compagnie de son mari, sans être tenue de le recevoir, si elle ne le juge à propos; et ils condamneront le mari à lui payer une pension alimentaire proportionnée à ses facultés, si la femme n'a pas elle-même des revenus suffisants pour fournir à ses besoins.*

ART. 260. — *Après une année d'épreuve, si les parties ne se sont pas réunies, l'époux demandeur pourra faire citer l'autre époux à comparaître au Tribunal, dans les délais de la loi, pour y entendre prononcer le jugement définitif, qui pour lors admettra le divorce.*

SOMMAIRE :

I. — Prononciation du Jugement définitif.
II. — Le tribunal peut imposer une année d'épreuve.
III. — Admission du divorce après cette année.

I.— Au jour fixé pour le jugement définitif, les parties comparaissent.

Au début de l'audience, le juge commissaire lit son

rapport; les parties sont ensuite entendues dans leurs explications que la loi les autorise à présenter elles-mêmes, mais qui en fait consisteront comme en toutes autres matières dans les plaidoiries de leurs avocats; enfin le ministère public donne ses conclusions.

Le jugement est ensuite prononcé publiquement. S'il refuse le divorce, le demandeur n'aura qu'à user des voies de recours qui lui sont ouvertes. Si, au contraire, le divorce *est admis*, « le demandeur est « autorisé à se retirer devant l'officier de l'état civil « pour le faire *prononcer* ». Mais cette autorisation ne lui est accordée que si le jugement est devenu définitif.

II. - Le tribunal tout en admettant le divorce peut ne pas statuer immédiatement. Le code se montre en toute circonstance, favorable au maintien du lien conjugal, et il paraît craindre que la volonté de la part d'un époux de poursuivre la dissolution du mariage soit le résultat d'une irréflexion ou d'un emportement momentané. C'est pourquoi, jusqu'au dernier moment il laisse à l'époux demandeur la faculté d'abandonner sa demande et de recommencer la vie commune.

De même qu'au début de l'instance, il donne au tribunal le droit de suspendre la permission de citer, de même, dans les dernières phases de la procédure, il essaie de ménager encore les chances les plus minimes de conciliation, qui peuvent subsister, et il permet au tribunal, de ne rendre qu'un jugement préparatoire, par lequel il surseoit à statuer, pendant un délai qui ne peut excéder un an.

Cette épreuve, à laquelle la loi autorise le tribunal

à soumettre les époux avant de prononcer leur divorce, ne sera ordonnée qu'autant que les circonstances de la cause rendent un rapprochement probable ou seulement possible : les juges ont, à cet égard, un pouvoir souverain d'appréciation.

Mais il est de ces cas où une semblable éventualité paraît impossible. Lorsque le divorce aura été demandé pour adultère ou pour une condamnation de l'un des époux à une peine afflictive et infamante, l'injure est assez grave en elle-même pour que la demande en divorce ne puisse être attribuée à un mouvement irréfléchi.

Et de même, si le divorce est demandé comme conséquence d'une séparation de corps, il ne saurait plus être question d'imposer une nouvelle épreuve après celle de trois ans que les époux viennent de subir.

Dans ces divers cas, le tribunal ne peut ordonner de sursis; il doit statuer d'une manière définitive sur le mérite de la demande.

Mais lorsque le plaignant invoque comme motifs des sévices ou injures graves, le conflit présente ce caractère particulier, qu'il n'est pas susceptible d'une appréciation absolue, la gravité des torts peut être difficile à mesurer, elle peut du reste varier à l'infini, selon les circonstances, c'est pour ce seul cas que le sursis est autorisé.

« Encore, que la demande en divorce soit bien éta-
« blie, dit l'article 259, les juges pourront ne pas ad-
« mettre immédiatement le divorce; ils autoriseront
« la femme à quitter la compagnie de son mari, sans
« être tenue de le recevoir, si elle ne le juge à pro-
« pos; et ils condamneront le mari à lui payer une
« pension alimentaire proportionnée à ses facultés, si

« la femme n'a pas elle-même des revenus suffisants « pour fournir à ses besoins. » C'est une séparation de corps d'une nature spéciale, elle fait cesser seulement l'*obligatio ad mutuam vitæ consuetudinem et ad mutuum adjutorium* (1).

Notons que l'art. 259 suppose que la femme est demanderesse. C'est là un vestige du système proposé dans le projet primitif de la loi. L'action en divorce pour cause d'excès, sévices et injures graves ne devait appartenir qu'à la femme, la modification apportée à l'art. 231 aurait dû avoir pour conséquence une modification de l'art. 259; par mégarde, on a négligé de mettre en harmonie (2) la rédaction des deux articles, mais cette imperfection du texte est suffisamment corrigée par l'esprit général de la loi. De même, l'article ne prévoit le droit à une pension alimentaire qu'au profit de la femme, parce qu'on suppose le cas le plus fréquent où le mari est administrateur des biens de la communauté, ou même des biens de son épouse; dans le cas très rare où la femme seule aurait une fortune et s'en serait réservé l'administration par son contrat de mariage, le mari pourrait toujours invoquer les dispositions de l'article 212 du code civil.

III. Après une année d'épreuve, si les époux ne se sont pas réunis, le demandeur pourra faire citer son conjoint à comparaître devant le tribunal, dans les délais de la loi, pour y entendre prononcer le jugement

(1) *V.* Zachariæ (Massé et Vergé), I, p. 260, note 26.

(2) *V.* Laurent III, n. 243, p. 287; Willequet *du divorce*, p.164; Zachariaæ (Massé et Vergé), I, p. 260, note 27; Locré sur l'art. 259.

définitif, qui pour lors admettra le divorce (art. 260.)

La loi réserve ce droit à l'époux demandeur. Est-ce à dire qu'il n'appartiendra pas à l'époux défendeur? Si l'on ne consulte que la lettre de la loi, il faudra opter pour l'affirmative ; pour être conséquent il faudra reconnaître en même temps, que le demandeur, par sa seule abstention, pourra perpétuer cette séparation de fait, à laquelle le législateur semble cependant n'avoir attribué qu'un caractère transitoire.

Mais il nous parait impossible d'admettre un semblable système dont les conséquences heurtent le bon sens. L'état auquel se trouverait réduite la partie défendresse ne serait ni la séparation de corps, ni le divorce, ni le mariage ; les époux se trouveraient placés dans une situation de séparation de fait, dont les conséquences légales eussent certainement été prévues et réglées par le législateur, s'il eût voulu lui accorder un caractère de perpétuité; la séparation de corps elle même telle que l'avait réglée le code de 1804 était considérée comme état hybride, auquel le tribunal devait mettre un terme à la requête du défendeur après le délai de trois ans, dans le cas prévu par l'article 310. Comment admettre que la loi ait considéré d'un œil plus favorable, la séparation de fait résultant d'un sursis accordé par les juges, que la séparation de corps elle-même, et qu'elle ait voulu autoriser tacitement le demandeur à perpétuer indéfiniment un état de chose, qui n'apparait avoir été organisé que comme une épreuve temporaire en vue d'une réconciliation à brève échéance? Une semblable conséquence nous paraît impossible et nous avons lieu de croire, que si la question est soumise aux tribunaux, ils reconnaîtront au défendeur le droit d'exiger que le tribunal statue sur la demande en divorce par un jugement définitif.

Nous examinerons ultérieurement la question de savoir si le jugement qui ordonne le sursis est ou non susceptible d'appel.

CHAPITRE IV

Des voies de recours

ART. 262. — *En cas d'appel du jugement d'admission ou du jugement définitif, rendu par le Tribunal de première instance en matière de divorce, la cause sera instruite et jugée par la Cour d'appel comme affaire urgente.*

ART. 263. — *L'appel ne sera recevable qu'autant qu'il aura été interjeté dans les deux mois, à compter du jour de la signification du jugement rendu contradictoirement ou par défaut. Le délai pour se pourvoir à la Cour de cassation contre un jugement en dernier ressort sera aussi de deux mois à compter de la signification. Le pourvoi sera suspensif.*

SOMMAIRE :

I. — Notions générales.
II. — De l'opposition. Elle n'est recevable qu'en appel.
III. — De l'appel. Jugements susceptibles d'appel.
IV. — Procédure de l'appel. Aquiescement.
V. — Demandes nouvelles.
VI. — Le délai d'appel est suspensif.
VII. — L'art. 259 s'applique aux juges d'appel.

VIII. — La cour a le droit d'évocation en matière de divorce.
IX. — Recours en cassation.
X. — Requête civile.

I. — Le législateur qui a entouré l'instance en divorce de si nombreuses formalités, ne pouvait permettre que les tribunaux civils de première instance fussent seuls maîtres de rompre le mariage.

Il a organisé, comme, du reste, dans toutes les autres matières un peu importantes, des voies de recours contre la décision des premiers juges, c'est-à-dire, qu'il a permis aux parties aux parties de se pourvoir devant une juridiction supérieure.

Lorsqu'un tribunal de première instance a prononcé un jugement, plusieurs voies de recours ordinaires sont ouvertes contre sa décision, ce sont l'*opposition* et l'*appel*.

II. — L'*opposition* est la voie de recours réservée aux parties qui ont fait défaut. C'est le droit de revenir devant les mêmes juges pour fournir les explications qu'on n'a pu donner lors de la première instance et de leur demander de *rétracter* leur premier jugement. Aussi, dit-on, que l'opposition est une *voie de rétractation*.

Nous avons vu, dans le chapitre précédent que l'opposition n'existait pas, lors de la confection du code contre les jugements rendus en premier ressort. A cette époque, comme on était encore sous l'empire de l'ordonnance de 1667, on classait l'opposition parmi les voies de recours *extraordinaire*, c'était une sorte de *requête civile*, réservée aux jugements en *dernier ressort*. Il en résulte que le Code civil organisant une procédure du divorce n'a pas parlé de l'opposition comme d'une voie de recours ordinaire contre le jugement du tribunal de première instance qui admet le divorce (1).

L'opposition n'est donc ouverte que contre l'arrêt de la cour d'appel rendu par défaut.

Dans ce cas, les règles qui la régissent sont celles du droit commun; nous renvoyons sur ce sujet au code de procédure civile (art. 149 et suivants.)

III. — L'appel est une voie de recours ordinaire, par laquelle un jugement de premier ressort est déféré à une juridiction supérieure, chargée de le contrôler, et, s'il y a lieu, de le réformer.

L'*appel* est admis en matière de divorce pour les jugements de première instance.

Mais d'abord, contre quels jugements pourra-t-on interjeter l'appel? Nous avons dit plus haut que cette voie de recours pourrait être admise contre tous les jugements qui n'étaient pas purement préparatoires. On pourra donc appeler d'un jugement interlocutoire, du jugement, par exemple, qui admet l'époux défendeur à faire la preuve d'un fait nié par l'époux demandeur, c'est ainsi que la cour de Bruxelles (2) a admis l'appel d'une décision qui permettait au défendeur de prouver la reconciliation.

Il a été aussi jugé, que la sentence qui, avant de faire droit sur la demande en divorce avait dans le

(1) *V.* Paris, 21 juillet 1809, Sir. 9 2.61; Aix, 7 mai 1809. Dall. J.-G., v°, *Sep. de corps.*

(2) *V.* Bruxelles, 25 juin 1862, *Pasicrisie*, 1863, II, 359. Contrà Angers, 5 mai 1808, S. 12-2-377.

cas prévu par l'art. 259 soumis les époux à une année d'épreuve, était susceptible d'appel (1).

Les seuls jugements dont on ne pourra pas appeler seront donc les jugements purement préparatoires, comme par exemple celui qui ordonne la comparution des parties en audience publique.

L'art. 262 dit formellement que l'appel est ouvert aussi bien contre le jugement d'admission de la demande en divorce que contre le jugement définitif. C'est ce qui prouve jusqu'à l'évidence, que contrairement à l'opinion de certains auteurs, ce jugement d'admission n'est pas une décision de pure forme que le juge peut rendre où ne pas rendre à son gré.

IV. — Lorsque le jugement définitif a été rendu, la partie qui succombe a deux mois pour se pourvoir devant la cour d'appel. C'est l'application du droit commun, qui ne donne que deux mois aux plaideurs pour attaquer le jugement qui leur fait grief. Le délai de deux mois commence à courir à partir du jour de la signification du jugement rendu contradictoirement ou par défaut. (art. 443 c. pr. civ.).

L'affaire doit être instruite en appel comme « affaire urgente » dit l'art. 262. Nous avons à rechercher quelles seront les formalités qui vont être remplies devant la cour. Mais auparavant nous devons examiner deux questions sur lesquels les auteurs sont loin d'être d'accord. L'époux qui a succombé peut-il acquiescer au jugement qui a

(1) V. Liège, 1er février 1855, *Pasicrisie*, 1855, II, 98, et Belgique judiciaire, 1855, p. 734.

prononcé le divorce ? et s'il a formé appel contre ce jugement peut-il se désister ?

Il est d'abord certain que l'époux qui a perdu son procès peut acquiescer d'une manière tacite au jugement en n'interjetant pas appel. Mais peut-il acquiescer d'une manière formelle à ce jugement rendu contre lui, et s'il le fait, son acquiescement sera-t-il valable ? Nous n'hésitons pas un seul instant à répondre affirmativement, et nous ne voyons même pas quelles sont les objections sérieuses qu'on peut opposer à cette opinion.

Celui qui a succombé en première instance aurait le droit d'acquiescer tacitement et n'aurait pas le droit d'aquiescer formellement ? Où serait la raison de cette différence ? La prohibition qu'on prétend nous opposer est-elle inscrite quelque part dans la loi et peut-on l'induire des principes généraux sur notre matière ? Assurément non. En vain dira-t-on que le divorce est d'ordre public et qu'il est défendu de transiger sur ces matières ; que l'on ne peut renoncer d'une manière formelle et en vertu d'une simple convention à un recours organisé par la loi dans l'intérêt de l'ordre général. Ce raisonnement pèche par la base, car il admet qu'il y a une transaction sur le divorce, tandis qu'il n'y a en réalité qu'un acquiescement à un jugement rendu par les juges compétents après une longue procédure et de mures réflexions, et que ce n'est pas comme le dit fort bien M. Laurent « du consentement du défendeur que résulte le divorce, mais de la sentence du juge(1). »

(1) Laurent, T. III, n. 248, p. 290. — Contrà Demolombe *Traité du Mariage*, T. II, n. 488, p. 559.

Ajoutons que ce que nous disons ici de l'appel doit s'entendre de toutes les voies de recours.

Voyons maintenant comment l'appel va s'instruire.

Ici nous n'allons plus trouver les formes compliquées que nous avons rencontrées dans l'instance devant les premiers juges (1). Les entraves multipliées à dessein en première instance vont être levées; en un mot, l'affaire s'instruira et se jugera comme une *cause urgente* ordinaire. Il est certain tout d'abord et bien que la loi n'ait pas pris soin de le dire formellement, que le demandeur n'est plus forcé de comparaître en personne lors de l'instance en cour d'appel. Cette décision se conçoit, car à ce moment cet époux a fait connaître d'une manière aussi sérieuse que possible sa volonté persistante de rompre le lien conjugal (2).

Mais si l'époux demandeur n'est plus astreint à comparaître en personne et s'il peut se faire représenter par un mandataire — comme, du reste, cela était permis également en première instance à l'époux défendeur — faut-il aller jusqu'à dire que le ministère des avoués est indispensable en appel ? La question doit-être tranchée dans le sens de l'affirmative. La loi, en effet, nous renvoie purement et simplement pour la procédure en appel aux formes ordinaires

V. — Lorsqu'une instance en appel est engagée, deux questions se posent. Quels sont les moyens

(1) Liége, 31 mai 1865. *Pasicrisie*, 1865-2-231 et Belg. jud. 1865, p. 1367. — Contrà Laurent, T. III, n. 247.

(2) Contrà Demolombe : traité du mariage et de la séparation de corps, tome II, n. 488, page 559.

qu'on peut faire valoir? Et quelles sont les preuves qu'on peut invoquer ?

Ce sont là des questions qui ne sont pas spéciales à notre matière du divorce et à cet égard nous renvoyons purement et simplement au droit commun (1).

De même, en nous référant au droit commun, nous admettons qu'aucune demande nouvelle ne pourra être présentée pour la première fois en appel.

Il faut cependant s'entendre sur l'expression demande nouvelle (2). La jurisprudence considère comme demande nouvelle la preuve en appel, de la part du défendeur, des faits qui tendent à atténuer la gravité de ceux qu'on lui reproche, alors que ces faits lui étaient connus au moment où il était appelé à faire en première instance ses observations sur la demande et à présenter ses témoins (3). Au contraire, il a été jugé que le moyen tiré de l'adultère peut être proposé en appel par l'époux intimé, bien que le tribunal n'ait prononcé le divorce (séparation) que pour injure grave (4).

Notons en dernier lieu que le huis-clos ne doit être ordonné en appel que pour l'exposé de la demande et pour l'enquête. En conséquence, la procédure sur un incident soulevé dans le cours d'une enquête, doit

(1) Zachariæ (Massé et Vergé), T. I, p. 261. Cass. 26 mars 1807. S. a. 7-1-484. — Contrà Riom 18 nivose an XII. S. c. n. 1-2-171.

(2) Bruxelles, 18 juillet 1882. *Pasicrisie*, 1883. 2-182. Liège, 11 août 1851. *Pasicrisie*, 1852, 2-51. Gand, 3 décembre 1874. *Pasicrisie*, 1875, 2-60. Contrà Gand. 31 juillet 1873. *Pasicrisie*, 1874, 2-33 et M. Laurent, T. III, n. 227 et 247.

(3) V. Bruxelles, 28 février 1853, *Pasicrisie*, 1853, II, 80 ; 6 avril 1833, *Pasicrisie*, 1833, II, 219; Cass., 15 juin 1836, Sir. 37.1.89. Cass. 26 mai 1807. S. a. 7-1-484. Contrà Riom, 18 nivose an XII, s. c. n. 1-2-171.

(4) V. Chambéry, 4 mai 1872. Sir. 73.2.217.

être publique et le jugement qui statue sur ce point sera rendu publiquement (1).

VI.—L'appel et le délai d'appel sont suspensifs, c'est-à-dire que le jugement du tribunal de première instance, ne pourra recevoir son exécution au cas de divorce avant l'expiration du délai d'appel et si appel a été interjeté avant que la cour ait rendu son arrêt.

Il y a ceci de particulier dans notre matière du divorce c'est que même pour les autres jugements c'est-à-dire pour les jugements interlocutoires et d'avant faire droit, le tribunal ne peut pas ordonner l'exécution provisoire du jugement nonobstant appel. C'est ainsi qu'il a été décidé qu'un jugement d'admission de la demande en divorce ne peut être déclaré exécutoire nonobstant appel (2).

Les motifs de ces décisions s'expliquent d'eux-mêmes.

VII. — Le tribunal de première instance peut, dans le cas où le divorce est demandé pour cause d'excès, sévices ou injures graves, suspendre la prononciation du divorce même, au cas où il y aurait lieu à le prononcer; ce droit appartient-il aux juges d'appel? Nous ne voyons pas quelle serait la raison de leur refuser ce droit; sans doute, c'est un droit exceptionnel, exorbitant, mais l'art. 259 dit simplement « les juges », sans faire aucune distinction entre les juges de première instance et les juges d'appel (3).

(1) *V.* Liège, 25 novembre 1863, *Pasicrisie*, 1864, II, 47 (*Belg. jud.*, 1864, p. 5).

(2) *V.* Bruxelles, 16 juillet 1877, *Pasicrisie,* 1877, II, 330; Bruxelles, 31 décembre 1877, *Pasicrisie*, 1878, II, 114.

(3) Contrà Besançon, 16 germinal an XIII. S. a. 5-2-142.

VIII. — Le droit d'*évocation* appartient-il à la Cour en matière de divorce ? Un arrêt de la Cour de Liège s'est prononcé dans le sens de l'affirmative et a déclaré, que l'appel d'un jugement, qui avant de faire droit sur la demande en divorce a, dans le cas prévu par l'article 159, soumis les époux à une année d'épreuve, est recevable et que la Cour peut user du droit d'évocation et statuer au fond (1).

IX. — Le recours en cassation est ouvert contre les jugements en dernier ressort prononçant le divorce. Ce recours doit être fait dans les deux mois, à dater du jour de la signification de l'arrêt ou du jugement devenu définitif. La loi ajoute (art. 263), que ce pourvoi est suspensif. D'ordinaire, le pourvoi devant la Cour suprême, ne suspend pas les effets du jugement, et on peut, nonobstant ce pourvoi, procéder à des actes d'exécution.

Le principe du pourvoi non suspensif ne pouvait être admis en matière de divorce, car il aurait souvent conduit à des conséquences fâcheuses et irréparables : Un jugement a prononcé le divorce, il est définitif ; en exécution de ce jugement, les époux se sont transportés, comme nous le verrons tout à l'heure, devant l'officier de l'état civil qui a prononcé la rupture du mariage. Chacun des anciens conjoints est donc libre et peut se remarier. Alors interviendrait un arrêt de cassation qui remettrait tout en litige et qui, finalement, aboutirait à un rejet de la demande primitive. Il y aurait alors de nouvelles unions qu'il faudrait an-

(1) V. Liège, 1er février 1855. *Belgique judiciaire*, 1855, p. 734 (*Pasicrisie*, 1855, II, 98.

Contrà Cass. 30 juillet 1806. S. a. 7-1-525.

nuler, et de nouveaux procès surgiraient. Ces conséquences, faciles à prévoir, ont dicté la sage disposition de notre article : « Le pourvoi sera suspensif. »

X. — La *requête civile* n'est jamais admise lorsqu'il s'agit de divorce. Nous venons de voir, en effet, que tous les recours contre les jugements prononçant le divorce sont suspensifs ; or, la requête civile a comme caractère essentiel de ne jamais suspendre l'exécution des jugements, et le Code civil ne prévoit-il nulle part la possibilité d'une requête civile dans notre matière (1).

(1) *V.* Conf. Laurent III, n. 249, p. 390.
Contrà cependant, Paris 9 juillet 1814. S. a. 15-2-52.

CHAPITRE V

Des fins de non-recevoir à l'action en divorce

Art. 272. — *L'action en divorce sera éteinte par la réconciliation des époux survenue soit depuis les faits qui auraient pu autoriser cette action, soit depuis la demande en divorce.*

Art. 273. — *Dans l'un et dans l'autre cas le demandeur sera déclaré non-recevable dans son action ; il pourra néanmoins en intenter une nouvelle pour cause survenue depuis la réconciliation, et alors faire usage des anciennes causes pour appuyer sa nouvelle demande.*

Art. 274. — *Si le demandeur en divorce nie qu'il y ait eu réconciliation, le défendeur en fera la preuve, soit par écrit, soit par témoins, dans la forme prescrite en la première section du présent chapitre.*

SOMMAIRE :

I. — Notions générales.
II. — Différentes sortes de fins de non-recevoir.
III. — Prescription et péremption.
IV. — Réconciliation.
V. — Preuve de la réconciliation.
VI. — Aveu. Serment.
VII. — Effets de la réconciliation. Nouvelle demande.
VIII. — On peut proposer la réconciliation en appel.
IX. — De la réciprocité des torts. Elle n'est pas une fin de non-recevoir.
X. — De la provocation.

I. — Les *fins de non-recevoir* jouent, dans notre procédure, le rôle que les *exceptiones* jouaient dans la procédure romaine.

Il ne faudrait cependant pas confondre les fins de non-recevoir avec les fins de non procéder. Ces dernières ne frappent que la procédure, lorsqu'elle est irrégulière. Une formalité a été omise, on oppose la fin de non-procéder, la procédure toute entière disparaît et doit être recommencée — Mais rien de ce qui touche au fond du débat n'a été atteint, et on peut reprendre l'action, avec les mêmes moyens, sans que son succès puisse être compromis par les vices dont la première procédure avait été entachée.

La fin de non-recevoir au contraire est indépendante de la procédure : elle est tirée du fond même du procès et ne touche point les questions de formes ; lorsqu'elle est admise, ce n'est pas l'instance qui tombe, c'est l'action même qui prend fin.

II. — Bien que l'article 272 ne prévoit qu'une seule fin de non-recevoir, celle qui peut être tirée de la réconciliation ; pour peu qu'on réfléchisse au caractère général de l'action en divorce on conçoit qu'elles doivent être nombreuses : Les unes dérivent des causes que la loi a énumérées limitativement, comme pouvant donner ouverture à la demande en divorce.

D'autres dérivent des principes généraux du droit : ce sont : la prescription, la renonciation à l'action, le manque de qualité dans la personne du demandeur.

D'autres enfin sont des causes spéciales au divorce : la reconciliation, les torts réciproques, l'abandon par la femme du domicile qui lui a été provisoirement assigné par la justice.

Nous avons traité dans notre première partie des causes du divorce. La loi sur ce point ne comporte aucune obscurité ; toute cause, alléguée par le demandeur, qui n'aurait pas été consacrée par une disposition formelle comme pouvant motiver une demande de divorce donnerait lieu à une fin de non-recevoir.

III. La prescription est-elle admise en matière de divorce ? c'est-à-dire peut-on déclarer le demandeur non recevable lorsque un certain temps s'est écoulé depuis l'époque où les faits qu'il reproche à son conjoint se sont passés ? La question peut paraître bizarre au premier abord, car toute action est soumise à la prescription dans notre droit, à moins que la loi ne la déclare imprescriptible, le code civil dit en effet dans son article 2262 : « Toute action se prescrit par trente ans. » Pourquoi l'action en divorce ne se prescrirait-elle pas, puisqu'elle n'a été l'objet d'aucune exception. La question n'offre du reste qu'un intérêt purement théorique : nous verrons bientôt que c'est la prescription de trente ans qui est applicable au cas qui nous occupe. Or il est rare qu'un époux s'avise de demander le divorce seulement trente années après que se seront produits les faits qui doivent servir de cause à son action : ou il y aura eu réconciliation ou l'action sera née longtemps avant l'expiration d'un si long délai.

La prescription trentenaire est de droit commun. la loi ne dit nulle part qu'un délai plus court doive être appliqué à l'action du divorce, elle se prescrira donc par trente ans (1). On serait peut-être tenté d'objecter que la prescription ne court pas entre époux, (art. 2253, c. civ.) (2) mais ce principe ne paraît pas pouvoir être invoqué dans la question qui nous occupe. Pourquoi en effet l'art. 2253 suspend-il la prescription entre époux ? c'est uniquement dans un intérêt de concorde dans la société conjugale, et aussi parce que la femme n'a pas l'indépendance nécessaire à l'exercice de ses droits. Mais il ne s'agit ici de rien semblable, la paix du ménage est au contraire intéressée à ce que la prescription couvre les causes qui ont pu un instant exister : quant à l'indépendance de la femme, elle est absolue pour ce qui concerne l'action du divorce qu'elle peut intenter sans l'autorisation de son mari.

Nous partageons sur ce point l'avis de Zachariæ. La prescription n'est autre chose qu'une présomption légale à la renonciation d'un droit ; cette présomption ne s'affirme jamais plus énergiquement que lorsqu'un des époux laisse trente années s'écouler sans invoquer les causes de divorce qui sont nées au cours du mariage.

Certains auteurs ont cependant prétendu, que dans tous les cas ce n'est pas la prescription trentenaire qui doit être appliquée. Au cas d'adultère, disent-ils, l'action pénale se prescrit par trois ans, c'est dans ce même délai que l'époux injurié devra intenter son action civile (3).

(1) Besançon, 20 février 1860, J. du P., 1860, p. 436 ; Cass., 31 août 1855, Siv., 55.1.753.
(2) Demolombe IV, n. 409.
(3) V. Massol, de la séparation de corps, p. 77, n. 8.

Cette doctrine renferme une erreur profonde. L'action publique, et l'action civile ne sont nullement liées l'une à l'autre. Les articles 637 et 638 du code d'instruction criminelle soumettent bien à la prescription de trois ans l'action civile et l'action publique naissant d'un délit, mais seulement lorsqu'il s'agit d'une action en dommages-intérêts; or l'action en divorce n'a pas un but pécuniaire, elle n'a d'autre objet que la rupture du lien conjugal, au profit de celui à qui la vie commune est devenue insupportable.

En ce qui concerne la *péremption*, il a été jugé que la péremption pour inexécution dans les six mois, prononcé par l'art. 156, c. pr. civ. contre les jugements par défaut, contre partie n'est pas applicable en matière de divorce (1).

IV. — Une autre fin de non-recevoir contre l'action en divorce est la *Réconciliation*, qu'on appelle quelquefois aussi *renonciation* (2). L'art. 272 porte que l'action en divorce est éteinte « par la réconciliation des époux survenue soit depuis les faits qui auraient pu autoriser cette action, soit depuis la demande en divorce. » Il est facile de comprendre les raisons sur lesquelles la loi s'est fondée. Une injure a été commise : la personne qui en a été l'objet pardonne ; l'action en réparation de l'injure doit être éteinte. « L'injure dit M. Laurent (3) s'éteint par le pardon. » L'un des époux a commis le délit d'a-

(1) *V.* Cass. Belge, 29 février 1840, *Pasicrisie,* 1840, p. 307.
(2) *V.* Zachariaæ (Massé et Vergé), I, p. 252, texte et note 2.
(3) *V.* Laurent III, n. 209, p. 248.

dultère, l'autre lui pardonne et consent à continuer la vie commune, il serait mal venu à invoquer ensuite comme cause de divorce, l'acte, si répréhensible soit-il, qu'il a couvert d'un pardon. La fin de non recevoir tirée de la reconciliation peut être opposée jusqu'au jugement en dernier ressort; elle a en effet éteint les causes sur lesquelles repose la demande et l'action tombe d'elle-même,

V. — Comment prouvera-t-on la réconciliation ?

La loi ne prescrit aucune forme spéciale de preuve. Les juges pourront donc l'induire de tous les faits qui leur paraîtront certains et probants, le mode de preuve qui peut être autorisé soulève cependant des questions délicates (1).

L'art. 274 du code civil est ainsi conçu : « Si le « demandeur en divorce nie qu'il y ait eu récon- « cilation, le défendeur en fera la preuve, soit par « écrit, soit par témoins, dans la forme prescrite en « la première section du présent chapitre. » La jurisprudence est unanime à décider qu'au cas où le défendeur voudrait prouver une réconciliation antérieure à la demande en divorce, il devrait désigner ses témoins avant la fin de la première partie de l'instance selon les prescriptions de l'article 249, c'est-à-dire, que de nouveaux témoins ne pourraient plus être cités, fut-ce même pour prouver la réconciliation après que le Président

(1) La preuve de la réconciliation résultera souvent de la cohabitation des deux époux après l'injure. Mais cette cohabitation devra avoir été paisible. Bordeaux, 9 fructidor an XII. S. a. 4-2-189. Cass. 4 avril 1808. S. a. 8-1-237.

a averti les parties qu'elles ne sont plus reçues à en désigner.

Si l'article 274 nous dit que le défendeur sera tenu de prouver la réconciliation soit par écrit soit par témoins dans la forme prescrite « en la première section du présent chapitre » il ne veut cependant pas assimiler complètement les preuves de la renonciation aux preuves de la demande en divorce. La preuve de la réconciliation pourra-t-elle donc être faite de toutes les manières permises par la loi ?

VI. — L'*aveu* du demandeur pourra-t-il être retenu ? Plusieurs jurisconsultes ont soutenu, avec raison à notre sens, l'affirmative, et rien ne s'oppose, en effet, à ce que le pardon d'une injure se prouve par l'aveu de celui qui a pardonné ; il est peu de preuves qui comportent une certitude aussi absolue et le législateur qui est si opposé à la dissolution du mariage n'a pu avoir l'idée de l'écarter (1).

D'autres, au contraire, prétendant qu'un aveu ne peut jamais être retenu dans une question d'état, et qu'il ne peut pas plus servir au maintien du mariage qu'à sa dissolution (2). Ce raisonnement pèche par sa base, car il ne s'agit pas ici d'une modification d'état, mais bien du maintien du *statu quo*, puisque loin de changer l'état des conjoints, cet aveu ne fera que conserver l'état existant en empêchant le divorce d'être prononcé. Certes, nous avons dit en traitant des causes du divorce que l'aveu ne pouvait servir de preuve à une demande en

(1) *V.* Demolombe IV, n. 420, p. 497 ; Zachariæ (Massé et Vergé), I, p. 252, texte et note 7.

(2) *V.* Laurent III, n. 210, p. 249.

divorce, mais c'était de l'aveu du défendeur qu'il s'agissait : dans notre cas, au contraire, on ne peut craindre entre les deux parties une collusion pouvant amener un divorce *solo consensu*.

Par les mêmes motifs, nous pensons que la preuve par serment doit également être admise (1). Il en sera de même pour l'interrogatoire sur faits et articles.

VII. — Une fois la réconciliation prouvée, l'époux demandeur doit être débouté. Il pourra ensuite intenter une nouvelle action en divorce, mais il faut qu'il puisse invoquer de nouveaux griefs. Toutefois, dans sa nouvelle demande, l'époux pourra invoquer les anciens torts de son conjoint envers lui, l'article 273 le permet formellement. La doctrine et la jurisprudence sont même d'accord pour décider qu'il n'est pas nécessaire que les nouveaux faits soient de nature à motiver, par eux-mêmes, une action en divorce. des injures même sans être graves pourraient donc faire revivre une cause résultant par exemple de l'adultère (2).

La jurisprudence admet que la renonciation à l'action en divorce est un véritable pardon, et qu'en conséquence une nouvelle action basée sur des faits anté-

(1) V. Zachariæ (Massé et Vergé) I, p. 252, texte et note 7. Trèves, 28 mai 1813, Sir. 14.2.20 ; Grenoble, 18 juillet 1838, Dall. 39.2.20.

(2) V. Laurent III, n. 212; Demolombe IV, n. 423 et 5 ; Zachariæ (Massé et Vergé), I, p. 252, texte et note 8 ; Massol, p. 70, n. 5; Aubry et Rau V, § 492, note 16 ; Duranton II, n. 566. Cass., 2 mars 1808, Siv. 8.1.202 ; Cass., 6 juin 1853, Siv. 53.1. 708; Cass., 13 mars 1860, Siv, 61.1.74 ; Cass, 5 janvier 1874, Siv. 74.1.124.

rieurs à la réconciliation ne saurait être admise (1). Mais elle décide qu'une séparation amiable n'est pas toujours l'indice certain d'un pardon et que les juges pourrait ne pas admettre de ce chef la fin de non-recevoir tirée de la réconciliation. (2)

VIII. — A quelle époque doit-on proposer la preuve des faits de réconciliation ? Un arrêt de la Cour d'Aix, déclare que cette preuve ne peut pas être proposée en appel, « parce qu'elle tend à faire revivre en fa- « veur de l'appelant, un moyen de contre-enquête dont il a été déchu (3). » La doctrine est unanime à repousser cette décision (4). La jurisprudence belge voit même dans la réconciliation un moyen péremptoire et d'ordre public (5), et le Tribunal de Lyon a été jusqu'à dire que le juge peut l'opposer *d'office*, notamment quand l'époux demandeur fait défaut (6).

Il a été cependant jugé, que l'exception tirée de la réconciliation ne peut pas être opposée lorsque la demande de divorce est intentée pour cause de con-

(1) Cass-Belg. 23 mai 1872 *Pasicrisie* 1872, I, 349.

(2). Bruxelles 20 octobre. *Pasicrisie* 1365, II, 394.

(3) *V.* Aix, 21 décembre 1831; Dall. 33.2.174 (J,-G., v°, *Sep. de corps*, n. 304). Dans le même sens Grenoble, 17 août 1821, Calloz J.-G., v°, *Sep. de corps*, n. 301, 2° et 85.

(4) *V.* Demolombe IV. n. 421; Aubry et Rau V, § 492, note 13; Massal, p. 111.

(5) *V.* Bruxelles, 23 novembre 1821, Dalloz J.-G. v°, *Sep. de corps*, n. 557; Liège, 24 juillet 1844, *Belgique judiciaire*, 1845, p. 826; Liège, 28 décembre 1844, *Belgique judiciaire*, 1845, p. 828 (*Pasicrisie*, 1847, II, 350); Trib. Liège, 11 août 1849, *Belgique judiciaire*, 1851, p. 1597.

(6) *V.* Trib. Lyon, 9 décembre 1871, Dall., 71.5.353.

damnation de l'un des époux à une peine afflictive et infamante (1). On peut cependant critiquer le caractère trop absolu de cette décision (2).

IX. — Une fin de non recevoir, non prévue par la loi, est celle qu'on a prétendu tirer de la réciprocité des torts et que certains jurisconsultes ont dénommée *compensation*.

On ne voit pas tout d'abord comment les auteurs de ce système peuvent le concilier avec l'esprit général de la loi sur le divorce.

Le législateur autorise sous certaines conditions déterminées la rupture du lien conjugal dans l'intérêt des mœurs publiques et de la paix sociale, en même temps que pour protéger l'époux à qui la vie commune est devenue insupportable. Comment dès lors prétendre qu'il ne peut y avoir lieu à divorce, parce que la cause du trouble est double et que la vie commune au lieu d'être intolérable pour un seul, l'est également pour les deux.

Et d'abord, en ce qui concerne la condamnation de l'un des époux à une peine afflictive et infamante, il est bien certain que, dans le cas où l'époux demandeur aurait lui-même été frappé par une condamnation de cette nature, sa demande devrait être écartée par une fin de non recevoir. La loi, en effet, n'a créé cette cause de divorce que pour ne pas imposer à l'époux innocent l'obligation de partager l'infamie encourue par

(1) *V.* Grenoble, 17 février 1821, Dalloz J.-G., v°, *Sép. de corps*, n. 205 et 85; Rouen, 8 février 1841, Dalloz, v°, *Sép. de corps*, n. 205.

(2) *V.* Dalloz J.-G., v°, *Sép. de corps*, n. 205 et 405.

son conjoint; du reste, l'art. 232 est bien clair dans ses dispositions, il n'accorde l'action qu'au cas seulement où l'un des époux aurait été condamné à une peine afflictive et infamante. Mais ce cas particulier est le seul, à notre avis, où l'on puisse réellement parler d'une fin de non recevoir, tirée des torts réciproques ou d'une sorte de compensation. Mais la fin de non recevoir procède uniquement de l'infamie qui s'attache à la condamnation et non pas de la responsabilité découlant de l'acte coupable qui l'a motivée; aussi le tribunal de la Seine a-t-il décidé que, « lorsqu'à raison du même fait, deux époux ont été « condamnés l'un à une peine afflictive et infamante, « et l'autre à une peine correctionnelle seulement, ce « dernier conserve son action en divorce contre son « conjoint (1). »

Pour ce qui est de l'adultère, l'art. 336 du Code pénal accorde à la femme une fin de non recevoir, non pas contre la demande du mari tendant à obtenir le divorce, mais bien contre l'action publique que le mari mettrait en mouvement dans le but de faire emprisonuer sa femme adultère. Ces deux actions sont absolument distinctes et indépendantes l'une de l'autre, et d'après la nouvelle loi sur le divorce, qui abroge les articles 308 et 309 du Code civil, le mari ne peut plus les exercer cumulativement devant le même tribunal.

C'est en s'inspirant de cette disposition de l'art 335, C. pén. que plusieurs auteurs (2) ont construit la

(1) *V.* Trib. Seine, 10 décembre 1869. *Le droit* du 6 janvier 1870.

(2) *V.* Duranton II, n. 574; Vazeille II, n. 356, Valette, sur Proudhon I, p. 532. note *a*, 4; Massol, p. 85, n. 13. *Adde*, Cass., 7 nivôse, an VII, Siv., 1804.1.187.

théorie de la *compensation des torts*. Le mari qui a commis un adultère, disent-ils, perd le droit de poursuivre la repression du même délit commis par sa femme. Or, s'il pouvait demander le divorce pour cette cause d'adultère, il arriverait à tourner la loi en vertu des aticles 308 et 309 du Code civil. Il y a plus, l'artticle 336, en affranchissant lafemme de toute repression, fait fléchir dans ce cas l'intérêt public; *à fortiori*, doit-il en ètre de même du droit du mari qui est d'un ordre purement privé; et, par voie de conséquence, on ajoute que si la demande en divorce basée sur l'adultère peut être écartée par la fin de non recevoir, dite de *compensation des torts*, il doit en être de même lorsque la demande a pour cause les excès, sévices ou injures graves. On fait enfin observer que décider autrement, c'est mettre le tribunal dans l'alternative ou de repousser la demande sous prétexte que les faits ne sont pas établis, ou de l'acceuillir, et de donner uno sorte de prime à la diligence mise par le demandeur dans la poursuite de son droit, en lui accordant la révocation des avantages prévus par l'article 299.

On étaie ce raisonnement de nombreux citations empruntées au droit romain (1), au droit canonique (2), à l'ancien droit français (3) et même au code prussien (4).

Ce système cependant nous semble supporter dif-

(1) V. L. 13, § 4, D. *ad legem Juliam de adulteriis*, XLVIII. 5; L. 39, D. *Saluto matrimonio*, XXIV. 3.

(2) V. Cause, 32, ques., VI, can., I.

(3) V. Despeisses, t. I, p. 1, sect. IV. n. 17; Coquille, *Instit. du Douaire*, p. 93; Domat, *Suppl.*, liv, .III tit. 8, n. 10.

(4) V. Art. 719, code prussien. Vazeille II, n. 536.

ficilement un examen sérieux. Et d'abord en ce qui concerne l'argument tiré des articles 308 et 309 du code civil : Il disparaît aujourd'hui à cause de l'abrogation de ces dispositions par la loi nouvelle : quant à ce qui concerne cette sorte de course au clocher dont la révocation des avantages serait la prime; l'objection n'est pas sérieuse, le demandeur n'a qu'à introduire de son côté une demande reconventionnelle en divorce, les deux demandes seront jointes par le tribunal qui jugera s'il doit prononcer le divorce à la requête des deux parties (1).

X. — Il y a cependant dans la circonstance que les deux époux sont également coupables, non pas une excuse, mais une atténuation de la culpabilité réciproque, c'est en quelque sorte une provocation dont les juges doivent tenir compte et qui parfois suffira pour faire écarter la demande en divorce. La jurisprudence et la doctrine sont d'accord sur ce point (2).

(1) *V.* Demolombe IV, n. 415 et 416; Laurent III, n. 213; Aubry et Rau V, § 492, p. 187 et 188. Cass, 30 mars 1859, Sir., 59.1.661; Paris, 20 août 1862, Sir., 62.2.443; Chambéry, 4 mai 1877. Sir., 73.2.217.

(2) *V.* Laurent III, n. 214, p. 255 et 256; Cass., 4 décembre 1855 Sir., 56.1.814 (Dall., 56.1.257); Cass., 30 mars 1859, Sir., 56.1.661 (Dall., 59.1.466).

CHAPITRE VI.

Des demandes reconventionnelles.

SOMMAIRE :

I. — Nous venons de voir dans le chapitre précédent qu'il peut arriver qu'au cours d'une demande en divorce formée par l'un des époux, son conjoint forme une demande *reconventionnelle*, si d'ailleurs, il a de son côté des griefs à faire valoir.

Au premier abord, on pourrait dire que ce droit accordé à l'époux défendeur, ne lui sera d'aucune utilité : s'il y a une cause de divorce, le mariage ne sera-t-il pas dissous ? Or, n'est-ce pas là le but que se proposent les époux, en introduisant chacun sa demande ?

Au point de vue de la dissolution même du mariage, la demande reconventionnelle n'est pas toujours sans utilité pour l'époux défendeur. Il peut arriver, et il arrive fréquemment, que lui seul est en mesure de produire et de faire triompher la vraie cause de dissolution du mariage.

Mais c'est surtout au point de vue des conséquences juridiques de cette dissolution que la demande reconventionnelle présente de l'intérêt. La prononciation du divorce entraîne, en effet, contre l'époux qui succcombe des déchéances très graves. Nous étudierons ces déchéances quand nous traiterons des effets du divorce. La demande reconventionnelle aura pour but d'empêcher ces effets de se produire, de conjurer le danger qui menace l'époux défendeur. En formant sa demande reconventionnelle, il prend la situation même de son conjoint ; comme lui, il devient demandeur, et le Tribunal saisi de leurs prétentions contraires, peut prononcer son jugement sans avoir à tenir compte de la qualité de demandeur ou de défenseur, prise devant lui par les parties, puisque l'une et l'autre remplissent dans l'instance également les deux rôles ; il pourra attribuer à l'un ou l'autre des époux ou même partager entre eux la garde des enfants selon les circonstances, l'âge et le sexe et encore répartir également la charge des dépens (1).

II. — Pour quels faits une demande reconventionnelle peut-elle être formée ?

Il est clair que les faits invoqués par l'époux

(1) V. Nancy, 3 juin 1867, Dall. 69.2.230.

défendeur, doivent par leur nature, rentrer dans les causes de divorce, définies par la loi ; s'ils avaient un autre caractère, ils pourraient peut-être atténuer aux yeux du Tribunal la gravité des reproches invoqués par le demandeur originaire et adoucir les motifs du jugement, mais ils ne pourraient avoir pour conséquence de faire triompher la demande reconventionnelle.

Au reste, peu importe que les faits soient antérieurs ou postérieurs à l'introduction de la demande principale ; et même en supposant la demande reconventionnelle introduite pour la première fois en appel — hypothèse que nous envisagerons plus loin — elle pourra être appuyée sur des faits qui se seraient produits après le jugement du tribunal de première instance.

III. — Les demandes reconventionnelles ou les demandes incidentes sont en principe régies par l'art. 337 du code de procédure civile, c'est le droit commun. Toutefois, comme pour l'instruction d'une action en divorce, le code civil prescrit une procédure spéciale, ce n'est pas le droit commun qui sera appliqué en notre matière, mais bien les règles particulières à la matière qui nous occupe.

IV. — Ce principe établi, il en résulte que les demandes reconventionnelles en divorce doivent être introduites comme si elles étaient des demandes principales et introductives d'instance. On devra donc passer par toutes les formalités que nous avons décrites, en un mot, procéder comme si aucune demande principale n'avait encore été introduite.

En vain objecterait-on que ces tentatives sont inutiles, que la loi les avait prescrites dans l'espoir d'arriver à une conciliation et que au cas d'une demande reconventionnelle, il ne reste plus aucune chance de rapprochement. La raison nous semble insuffisante.

Le tribunal de Bruxelles a du reste refuté ce système dans un jugement du 12 juin 1852 (1) confirmé par la Cour de Bruxelles le 7 août suivant (2).

Le tribunal fait remarquer avec raison, que dans le cas où l'époux défendeur forme une demande reconventionnelle en divorce, la position du demandeur est complètement changée : de demandeur il devient défendeur et, comme tel, il peut avoir intérêt à ce que le divorce ne soit pas prononcé contre lui; il importe donc de mettre les deux époux en présence du juge conciliateur (3) et de les soumettre à toutes les formalités prévues par la loi.

V. — A quelle époque une demande reconventionnelle peut-être formée? Nous ne trouvons à cet égard aucune restriction dans la loi, ce qui nous conduit à décider, qu'elle peut être formée en tout état de cause.

Cependant un arrêt de la Cour de Cologne (4) a repoussé une demande reconventionnelle parce qu'elle avait été formée postérieurement au jugement

(1) V. *Belgique judiciaire*, 1852, p. 500; Trib. Charleroi, 5 avril 1873, *Pasicrisie*, 73, III, 146.

(2) *V. Belgique judiciaire*, 1852, p. 1241. — Conf. Trib. Bruges 20 décembre 1876, *Pasicrisie*, 1877.3.166.

(3) *V.* Laurent III. n. 271, p. 310.

(4) *V.* Cologne, 30 mai 1833, *Belgique judiciaire*, t, XVII. p. 1379. — Laurent III, n. 272, p. 310 ; Arntz, I, p. 316 (deuxième édition).

d'admission du divorce. Nous croyons, en nous conformant à l'opinion généralement admise dans la doctrine que cette décision est absolument arbitraire : le juge ne peut créer une fin de non-recevoir qui ne se trouve point écrite dans la loi.

Il est évident, du reste, que l'on ne saurait parler d'une demande reconventionnelle après la prononciation du divorce. En effet, le mariage est déjà dissous ; on ne concevrait pas une demande en divorce formée lorsque le mariage n'existe plus.

VI. — Mais, peut-on l'introduire pour la première fois en appel ? en d'autres termes, en supposant que le procès en divorce soit déjà soumis à la Cour, faut-il décider que la demande reconventionnelle devra passer par toutes les phases de la procédure spéciale du divorce ou, au contraire, faut-il dire qu'elle se joindra à la demande principale et que la Cour statuera sur les deux demandes par un seul et même arrêt ?

L'art. 464 c. pr. civile permet de former pour la première fois en appel une demande incidente, mais il faut que cette demande ne soit qu'une défense à l'action principale, ou tout au moins que ses causes ne soient qu'un dérivé de cette action principale elle-même. Il nous semble qu'il n'y a qu'un seul cas où la demande reconventionnelle satisfasse à cette condition, c'est lorsqu'elle a pour base la demande principale elle-même, que le défendeur peut considérer comme une injure grave, quand les faits reprochés sont reconnus inexistants.

Mais certains auteurs sont allés jusqu'à prétendre que la demande reconventionnelle quels que soient les motifs sur lesquels elle repose, pouvait en matière de divorce être introduite en tout état de cause, sans recourir à aucune des formalités imposées au demandeur principal, parce qu'elle a toujours le caractère d'une défense à la demande principale. (1)

La jurisprudence a parfois confirmé ce système (2), que quant à nous nous ne pouvons admettre ; il nous paraît impossible de donner à toute demande reconventionnelle en matière de divorce, le caractère d'une simple défense à la demande principale (3) ; nous avons exposé plus haut sur quels motifs reposait notre opinion. On peut invoquer du reste les autorités les plus respectacles (4) ; nous ajouterons qu'il y a une raison de plus en notre faveur, lorsque, la demande reconventionnelle est formée au cours d'un appel : c'est qu'il ne saurait dépendre de l'époux, demandeur incident, de priver son conjoint du bénéfice des deux degrés de juridiction.

VII. — La demande une fois introduite, l'instance suit son cours et, lorsque l'instruction est terminée, le Tribunal peut statuer, par un seul et même jugement, sur les deux demandes ; il en sera de même à la Cour, lorsque les deux demandes ayant reçu leur solution en première instance auront également été frappées d'appel.

VIII. — Il peut se faire que l'époux demandeur ait

(1) V. Demolombe IV, n. 437, et les autorités citées à l'appui.

(2) V. Nancy 21 janvier 1858. Sir. 58, II, 75 ; Nancy 16 décembre 1859. Sir. 60, II, 272.

(3) V. Liège 4 décembre 1867, *Belgique judiciaire*, 1868, p. 300. (*Pasicrisie*, 1868, II, 38).

(4) V. Aubry et Rau V, § 492, texte et note 30, p. 188, et les autorités citées.

formé, non plus une demande en divorce, mais bien une demande en séparation de corps, et que son conjoint réponde par une action en divorce. Dans ce cas tout ce que nous avons dit sur les demandes reconventionnelles. s'appliquera ici, et lorsque les deux instances seront en état, le juge pourra statuer par un seul jugement ou par deux jugements séparés.

Enfin, on peut supposer qu'à une demande en divorce on oppose une demande reconventionnelle en séparation de corps. Nous appliquerons absolument les mêmes règles. Le juge, dans ce cas, admettra la demande de l'un ou de l'autre des époux et prononcera, par conséquent, la séparation de corps ou le divorce comme, du reste, dans l'hypothèse précédente.

Ce qu'il y a de particulier dans ces deux hypothèses, c'est que, tandis que dans le cas où les deux demandes ont pour objet le divorce, le juge peut le prononcer en même temps en faveur de chaque époux, et contre chacun d'eux; ici, au contraire, il y aura nécessairement un seul des époux contre lequel la séparation de corps, ou le divorce sera prononcé.

CHAPITRE VII

Prononciation du Divorce.

ART. 264. — *En vertu de tout jugement rendu en dernier ressort ou passé en force de chose jugée qui autorisera le divorce, l'époux qui l'aura obtenu sera obligé de se présenter dans le délai de deux mois devant l'officier de l'Etat civil, l'autre dûment appelé, pour faire prononcer le divorce.*

ART, 265. — *Ces deux mois ne commenceront à courir, à l'égard des jugements de première instance qu'à l'expiration du délai d'appel; à l'égard des arrêts rendus par défaut en cause d'appel, qu'après l'expiration du délai d'opposition, et à l'égard des jugements contradictoires en dernier ressort, qu'après l'expiration du délai du pourvoi en cassation.*

ART. 266. — *L'époux demandeur qui aura laissé passer le délai de deux mois ci-dessus déterminé, sans appeler l'autre époux devant l'officier de l'état civil, sera déchu du bénéfice du jugement qu'il avait obtenu, et ne pourra reprendre son action en divorce, sinon pour cause nouvelle; auquel cas il pourra néanmoins faire valoir les anciennes causes.*

SOMMAIRE :

I. — Le divorce est prononcé par l'officier de l'état civil.
II. — Quel est l'officier compétent ?
III. — Délai pour se présenter devant l'officier de l'état civil.
IV. — Le droit de requérir la prononciation du divorce n'appartient qu'à l'époux demandeur.
V. — La présence de l'époux défendeur n'est pas nécessaire devant l'officier de l'état civil.
VI. — Pièces à remettre à l'officier de l'état civil. Prononciation du divorce.
VII. — Cas particulier où l'un des époux est commerçant.

I. — Lorsque le jugement de divorce a été prononcé et est devenu complètement définitif, lorsqu'il ne peut plus être attaqué par aucune voie de recours soit ordinaire, soit extraordinaire, l'époux qui a obtenu ce jugement doit se présenter devant l'officier de l'état civil pour faire prononcer la dissolution du mariage.

La loi a pensé que le mariage étant un acte public se formant par une cérémonie solennelle, il fallait pour dissoudre ce contrat, une cérémonie également publique et solennelle.

II. — Mais quel sera l'officier de l'état civil compétent pour prononcer le divorce ? Les arrêts sont peu clairs et peu précis sur ce point. Il semble cependant résulter de leur combinaison que c'est toujours l'officier de l'état civil du domicile du mari qui est compétent. (1) Cependant, il a été décidé que le jugement devenu définitif, qui a admis le divorce demandé par la femme, et a commis pour le prononcer l'officier

(1) *V.* Tribunal de Bruxelles, 9 mai 1863, *Belgique judiciaire*, 1875, p. 206; Bruxelles, 3 octobre 1879, *Pasicrisie*, 1879, II, 347.

de l'état civil du lieu du domicile de la demanderesse, parce que le mari est sans domicile connu, est obligatoire pour cet officier. (1) Nous pensons qu'il faudrait aller plus loin dans cette voie et que l'officier de l'état civil du domicile de l'époux qui a obtenu le divorce, sera toujours compétent pour prononcer la dissolution du mariage.

III. — C'est dans les deux mois à partir du jour où le jugement ou l'arrêt est devenu définitif que l'époux qui a obtenu le divorce doit se présenter devant l'officier de l'état civil. S'il laisse écouler ce délai de deux mois sans appeler son conjoint devant cet officier, « il est déchu, nous dit l'art. 266, du bénéfice du « jugement, qu'il avait obtenu, et il ne pourra reprendre son action en divorce sinon pour cause nou« velle. »

Ainsi, après que le divorce a été obtenu, la loi veut encore laisser à l'époux qui a eu gain de cause, le temps de réfléchir. A ce moment encore, elle lui permet de pardonner, et elle induit même le pardon de son silence. Ce pardon est tel qu'il efface les fautes passées et qu'il faudra de nouveaux faits pour motiver une nouvelle demande.

Certains auteurs (2) ont pensé que ces faits nouveaux qui donneront lieu à un autre procès pouvaient se placer dans la période des deux mois entre le jugement et l'époque de la déchéance. Nous ne pensons pas qu'il en soit ainsi, et la rénonciation

(1) Bruxelles, 28 décembre 1874. *Pasicrisie*. 1875, II, 177, *Belgique judiciaire*, 1875, p. 153).

(2) Zachariæ (Massé et Vergé), tome Ier, p. 268.

faite par le conjoint à la prononciation du divorce implique pardon de toutes les injures jusqu'au jour de la déchéance, c'est-à-dire jusqu'à l'expiration du délai de deux mois. (1)

IV. — Le conjoint qui aura succombé dans l'instance et contre lequel le divorce aura été admis pourrait-il requérir l'officier de l'état-civil de prononcer la rupture du mariage ? Non assurément. Le jugement qui a prononcé le divorce crée un droit, mais seulement pour l'époux qui triomphe. Nous venons de le voir. même après le jugement, cet époux a encore un droit de pardon qui deviendrait illusoire si l'on admettait que son coinjoint peut réquérir la prononciation du divorce. Si donc celui qui a obtenu jugement en sa faveur préfère, dans l'intérêt des enfants ou pour toute autre raison, laisser continuer la vie conjugale. il en a le droit, et ce droit ne peut lui être ôté par son conjoint.

V. — Lorsque la prononciation du divorce doit avoir lieu, l'époux qui a triomphé dans l'instance doit nécessairement se présenter devant l'officier de l'état-civil. La présence de son conjoint n'est pas nécessaire.

On a pensé qu'il serait trop pénible pour celui qui avait succombé d'être forcé de venir ainsi devant l'officier de l'état civil pour assister à la constatation publique de sa défaite. Cependant cet époux devra être appelé.

La loi n'a pas prescrit de forme spéciale pour l'inviter à comparaître.

(1) Laurent : tome III, n. 250. p. 291.

Le tribunal de Bruxelles en a tiré la conséquence qu'un acte d'huissier n'était pas nécessaire et qu'il appartenait aux tribunaux de décider suivant les circonstances si la convocation avait été sérieuse (1). Mais il sera prudent de faire une sommation.

VI. — L'époux demandeur se présente donc devant l'officier de l'état civil. Cet officier lui remet le jugement qui autorise le divorce avec une copie de l'exploit de signification qui en a été faite au défendeur.

L'époux doit aussi prouver par des certificats qu'il n'y a ni opposition, ni appel ; en un mot que le jugement est bien définitif. L'officier de l'état civil déclare au nom de la loi le mariage dissous, dresse acte de sa déclaration, et cet acte est transcrit sur les registres de l'état civil. Selon la formule que le gouvernement avait adressée aux officiers de l'état civil sous l'empire de l'ancien code, deux témoins devaient être appelés à cet acte. Cette pratique sera peut-être renouvelée ; dans tous les cas, la présence des deux témoins n'étant pas ordonnée par la loi, elle ne saurait être obligatoire.

VII. — Au cas où les époux ou l'un d'eux serait commerçant, la prononciation du divorce donne lieu à des formalités particulières.

La prononciation du divorce par l'officier de l'état civil est suivie d'une publicité spéciale, organisée par l'art. 872 du code de procédure pour la séparation de biens, et qui, en vertu de l'art. 66 du code de commerce doit être appliquée au cas de divorce.

(1) V. Trib. Bruxelles, 2 février 1856, *Belgique judiciaire* 1856, p. 618.

Cette formalité consiste dans l'affichage au tribunal de première instance et au tribunal de commerce du domicile du mari, et cela même au cas où c'est la femme qui est négociante.

A la vérité, cette publication sera toujours faite au domicile de l'époux commerçant, puisque la femme mariée, non séparée de corps, a son domicile chez son mari. L'affichage doit durer un an.

CHAPITRE VIII.

Des Nullités ou de la Sanction des Règles de la Procédure.

Nous avons à rechercher ici quelle est la conséquence de l'inexécution des formalités exigées par la loi ; nous distinguerons chacune des deux phases par lesquelles passe la procédure.

SOMMAIRE :

SECTION PREMIÈRE. — Instance judiciaire.

SOMMAIRE :

I. — La loi n'a nulle part indiqué quelle serait la conséquence de la violation ou de l'omission d'une des formalités de la procédure du divorce de sorte que le champ est entièrement libre à l'interprétation.

Dans notre droit on admet en principe que, selon la formule d'un vieil adage, « nullités sont odieuses. » Cela veut dire qu'il répugne à l'esprit de notre législation de permettre au juge de prononcer la nullité d'un acte quand la loi ne le lui ordonne pas expressément. Toutefois on est unanime pour imposer à ce principe une limitation relative aux dispositions d'ordre public. Toute violation d'une loi touchant à « l'arrangement des personnes dans la société » emporte nullité alors même qu'aucun texte ne le prescrit. Le divorce est évidemment une matière d'ordre public. Ainsi, le divorce prononcé entre deux époux par un arbitre serait évidemment nul, bien que la loi n'ait nulle part édicté cette nullité (1). Mais est-il permis d'aller plus loin et de dire : toutes les formalités que la loi prescrit avant d'arriver au jugement de divorce intéressent l'ordre public comme le divorce lui-même et par suite sont imposées à peine de nullité? On l'a soutenu (2) en prétendant que la loi voit le divorce avec défaveur et n'a accumulé toutes les formes contenues dans notre titre, que pour l'entraver. Ce serait dès lors suivre l'esprit de la loi qu'exiger l'application rigoureuse de toutes ses dispositions, mais n'y a-t-il pas quelque exagération a prêter au législateur une si grande sévérité. Sans doute il veut une manifestation sérieuse de la volonté et une cause suffisante de divorce, mais il semble bien un peu puéril de supposer qu'il a entendu édicter une loi que les plus habiles seuls pourraient appliquer.

En procédure on fait habituellement, quant à la sanction, une distinction entre les formes substan-

(1) Req., 6 pluv., an XI, Dall. Rép., v°, arbit., n. 304.
(2) V. Zachariæ (Massé et Vergé) I. p, 255.

tielles et les formes non substantielles. La violation des premières seulement entraîne la nullité. On doit faire application de ce même principe à notre matière ; il y aura donc dans chaque hypothèse une appréciation des faits qui serait confiée à la sagesse du tribunal. Ainsi, le divorce sera certainement nul si l'on a omis un des préliminaires de conciliation réglées par la loi parce que c'est là presque autant une des conditions du divorce qu'une forme requise. Mais l'omission d'une des formalités de ce préliminaire n'entraînera pas nécessairement la nullité.

II. — La poursuite de la nullité du divorce est permise à chacun des deux époux, mais leurs créanciers n'ont aucun droit de l'intenter, puisque comme nous avons vu, il leur est même interdit d'intervenir dans l'instance en divorce. On leur refusera donc la tierce opposition (art. 474 pr. civ.) qui leur est accordée par l'art, 873, pr. civ. en cas de séparation de biens.

Pour ce qui concerne les héritiers : ou le jugement de divorce a été exécuté du vivant de leur auteur et ils n'ont plus de recours, si ce n'est le droit d'attaquer la *prononciation* même du divorce, ou le jugement n'a pas été exécuté, ils n'ont alors aucun intérêt de poursuivre la nullité du jugement dont les effets sont tombés d'eux-mêmes.

III. — La nullité de l'instance en divorce ne peut-être invoquée que sous forme de moyen d'appel ou de cassation.

On peut en effet sans contester le bien fondé de la

demande soutenir qu'elle a été mal introduite ou mal poursuivie et qu'elle est entachée d'irrégularités de forme telles que la procédure entière est nulle. La nullité du jugement et de la procédure sera demandée de la même manière que la réformation de la décision pour mal jugé. Il pourra même se faire que cette nullité soit invoquée en première instance pour éviter le jugement autorisant le divorce. Mais jamais la nullité ne sera opposable après que le jugement irrégulier sera passé en force de chose jugée. Admettre une autre solution ce serait enlever toute stabilité aux décisions de la justice, et permettre aux parties après un délai quelquefois long, d'obtenir un second jugement sur la même question.

En d'autres termes, on aboutirait à un procès en révision. Aussi la Cour de cassation a-t-elle réformé en ce sens un arrêt contraire de la Cour de Caen (1).

SECTION II. — Nullité de la prononciation du divorce.

SOMMAIRE :

I. — Cas de nullité.
II. — Par qui et comment peut-elle être invoquée.

I. — En fait, et en appliquant la théorie exposée plus haut la nullité de la prononciation du divorce pourra résulter de l'incompétence de l'officier de l'état civil, quelle soit absolue ou relative.

Il peut se faire que le divorce ait été prononcé avant le jugement qui l'admet : nous croyons qu'en

(1) V. Cass.; 29 juin 1812, 7 novembre 1838, Sir., 38.1.805.

ce cas la prononciation est nulle alors même que postérieurement, un jugement confirmant ce divorce prématuré est intervenu. Il en serait de même au cas où le divorce a été prononcé après le jugement qui l'autorise, mais avant l'expiration des délais de l'art. 263. En ce cas en effet le jugement de divorce ne peut servir de fondement à la prononciation que s'il est définitif, et il n'est définitif que si les délais d'appel sont expirés. Est-il possible d'admettre que la prononciation sera soumise pour sa validité à la même condition suspensive que le jugement lui-même?

Nous ne le pensons pas. L'officier de l'état civil en prononçant le divorce en dehors des conditions prescrites par la loi a agi sans mandat; l'acte auquel il a donné naissance est nul, et l'accomplissement d'aucune condition survenant postérieurement, ne saurait le rendre valable; on ne saurait admettre que l'état même des personnes puisse demeurer un instant dans cette situation indéterminée et incertaine qui résulterait d'une prononciation de divorce soumise pour sa validité à l'éventualité d'un appel.

Les dispositions essentielles de la loi dont la violation doit entraîner la nullité du divorce sont en outre les suivantes :

1° L'officier de l'état civil doit être compétent.

2° Le demandeur doit être présent, et le défendeur dument appelé lors du prononcé par l'officier de l'état civil.

3° Le divorce doit être prononcé dans le délai prévu par la loi.

Dans ces trois cas auxquels il y a lieu d'ajouter celui cité plus haut de la prononciation du divorce en vertu d'un jugement non définitif, la nullité du divorce doit être prononcée.

L'époux qui a obtenu le divorce et qui le verra annulé pour infraction à l'une de ces conditions essentielles se trouvera dans une situation étrange. D'une part, il aura droit au divorce, ayant en sa faveur un jugement qui le lui accorde; d'autre part, presque toujours, il ne se trouvera plus en temps utile pour obtenir une nouvelle prononciation du divorce puisque le délai de deux mois court du jour où le jugement est définitif. Bien mieux, s'il veut intenter une nouvelle demande en divorce fondée sur les mêmes faits, on lui opposera l'art. 266. Sera-t-il donc obligé de rester marié malgré lui et malgré les tribunaux?

Ce serait infliger une peine bien dure pour une faute bien légère. Aussi pensons-nous, d'accord avec la jurisprudence belge que les tribunaux pourront estimer que l'art. 266 ne doit pas s'appliquer et cela à raison des diligences faites par le demandeur pour arriver à la prononciation du divorce.

La cour de Bruxelles a, en effet, jugé que la déchéance du bénéfice du jugement qui autorise le divorce n'est acquise contre l'époux demandeur qui a laissé passer le délai de deux mois « qu'autant qu'il y a eu inaction complète de sa part » et que la déchéance ne pourrait s'appliquer dans le cas où il aurait appelé l'autre époux devant l'officier de l'état civil (1).

Mais il est probable que ce même pouvoir d'appréciation se retournerait contre le demandeur s'il

(1) *V.* Bruxelles, 17 novembre 1847, *Pasicrisie*, 1849, II. 185. (*Belgique judiciaire*, 1847, p. 1631).

négligeait d'obtenir une nouvelle prononciation du divorce dans les deux mois qui suivront la décision annulant la première prononciation.

II. — La nullité sera prononcée à la requête de l'un des époux. Mais elle sera obtenue, comme tout autre nullité, à l'aide d'une action en justice particulière. Ici, en effet, il ne peut plus être question d'appel ou de cassation puisqu'il ne s'agit pas d'un acte contentieux mais d'un acte administratif émanant d'un officier de l'état civil. L'action en nullité sera d'ailleurs soumise quant à son extinction à toutes les règles de droit commun. Ce caractère de la nullité, différant de celui de la nullité d'une instance, amène quelques changements dans les solutions. Par exemple les héritiers de l'époux défendeur qui succèdent à tous les droits et actions de leur auteur nous semblent succéder par cela même à l'action en nullité de la prononciation du divorce. Nous avons, il est vrai, refusé aux héritiers du demandeur le droit de poursuivre la demande du divorce ; mais il n'y a entre ces deux systèmes aucune contradiction. Il ne s'agit plus, en effet, ici comme avant la prononciation du divorce, de créer un état de choses nouveau, mais de rétablir l'état de choses ancien qui légalement n'a pas cessé d'exister. Il nous paraît même possible d'accorder l'action aux créanciers des époux.

SECTION III. — Caractères particuliers de l'action en nullité.

SOMMAIRE :

I. — Relativement au droit du ministère public en ce qui concerne l'exercice de l'action en nullité du divorce, on donnera une solution différente suivant que l'on adopte l'une ou l'autre des opinions en lutte dans la question de l'étendue des attributions du magistrat qui le représente.

On est, en effet, très divisé en doctrine et en jurisprudence sur le point de savoir quel est le rôle du ministère public en matière civile. La difficulté provient des termes peu clairs de l'art. 46 de la loi du 20 avril 1810, *sur l'organisation de l'ordre judiciaire et de l'administration de la justice*. Cet article est ainsi conçu :

« En matière civile, le ministère public agit d'of-
« fice dans les cas spécifiés dans la loi.

« Il surveille l'exécution des lois, des arrêts et des
« jugements; il poursuit d'office cette exécution
« dans les dispositions qui intéressent l'ordre
« public. »

On le voit, dans le premier paragraphe, l'article restreint l'action du ministère public aux cas spécifiés par la loi, et dans le second paragraphe du même article il est dit que le ministère public agit en matière civile toutes les fois que l'ordre public est intéressé. Dans un premier système, on prétend que la première partie de l'article limite les droits du ministère public et que la seconde n'a trait qu'aux mesures d'exécution qu'il doit prendre. Dans ce système on dit que le ministère public peut agir pour prévenir un acte dont l'accomplissement engendrerait une nullité qu'il serait en son pouvoir d'invoquer.

Ainsi, et par exemple, lorsque des personnes veulent se marier contrairement à certaines dispositions légales qui créeraient une nullité invocable par le ministère public, ce dernier pourra intervenir avant la célébration du mariage et s'opposer à ce qu'il y soit procédé *Melius est causam intactam servare quam, vulneratà causà, remedium quærere* (1).

Dans un second système, le ministère public ne peut agir que dans les cas spécialement déterminés par la loi. On invoque dans cette opinion la lettre même de la première partie de l'article 46 que nous avons reproduit plus haut (2).

Dans un troisième système, au contraire, le ministère public peut agir toutes les fois que l'ordre public est intéressé ; et même dans certains cas déter-

(1) *V.* Aubry et Rau I, p. 158; V, § 454, note 27 et § 458, texte note 6, et les autorités citées par ces auteurs. *Sic*, Req., rej., 2 décembre 1851. Sir., 52.1.54; Civ. cass., 21 mai 1856, Sir., 57.1.111.

(2) Zachariæ (Massé et Vergé), I, § 150, note 4, p. 275; Ortolan et Ledeau *du ministère public*, I, liv. II, tit. I, chap. IV, n° 1. — Paris, 26 avril 1833, Sir., 33.2.286.

minés par la loi qui n'intéressent point l'ordre public.

On le voit, ce système veut arriver à une conciliation entre les deux parties de l'art. 46 qui au premier abord paraissent contradictoires (1)

Suivant que l'on adopte l'un ou l'autre de ces systèmes, la solution qu'on donnera dans notre question sera différente. Quant à nous, nous estimons que le ministère public pourra agir en nullité du divorce, et cela pour cette raison spéciale, que pendant tout le cours de la procédure la loi l'associe à la marche du procès, ordonne, à chaque pas, que les pièces lui soient communiquées, et qu'il soit entendu en ses conclusions.

II.— La nullité de la prononciation du divorce aura pour effet de replacer les époux dans l'état antérieur et de faire considérer le mariage comme n'ayant jamais cessé d'exister. Toutefois — et cela va sans dire — il faudra respecter les droits acquis aux tiers.

Examinons cette question au point de vue des actes passés par la femme et en ce qui concerne la situation des enfants nés d'un second mariage.

Et d'abord en ce qui concerne les actes faits par la femme, nous rappellons que si la femme mariée est en principe incapable, cette incapacité disparaît lorsque le mariage a été dissous (2). Il en résulte que

(1) *V.* Valette sur Prudhon, I, p. 420, note *a*; Demolombe III, 151. — Bordeaux, 20 juillet 1807, Sir., 9. 2.399; Limoges, 17 janvier 1846, Sir., 46.2.97.

(2) *V.* ce que nous disons sur ce point aux *Effets du divorce*.

la femme divorcée est capable comme si elle n'avait jamais été mariée.

En cet état la femme a pu accomplir plusieurs sortes d'actes. Elle a pu passer des actes ayant trait à son patrimoine ; elle a pu encore se marier — si d'ailleurs elle s'est conformée au délai de dix mois que lui impose la loi. Quelle sera la valeur de ces actes ?

La situation sera analogue à celle qui se présente au cas où un mariage déclaré nul en appel est, au contraire, déclaré valable en cassation ; les actes que la femme aura faits dans l'intervalle seront valables.

Une particularité se présente au cas où la femme s'est remariée. La nullité du second mariage sera subordonnée à la validité du premier.

III. — Que doit-on décider pour ce qui concerne les enfants nés de la nouvelle union ? La position de ces enfants sera celle de ceux qui naissent de mariages putatifs.

En effet, la personne qui se croit dégagée de tout lien conjugal par suite d'une décision judiciaire ne peut pas être présumée de mauvaise foi. Les enfants seront donc légitimes et placés sous la présomption de l'art. 312 c. civ. : *pater is est quem nuptiae demonstrant*.

Il en résultera que l'époux divorcé, mais dont le divorce aura été annulé sera considéré comme ayant des enfants de deux mariages légalement contractés, et, ce qui plus est, comme si les deux mariages avaient été valables.

Lorsque la nullité du divorce est prononcée, le mariage est sensé n'avoir jamais été dissous. Les enfants que la femme non remariée aurait eus depuis le divorce seraient donc placés sous la présomption *pater is est* et le mari ne pourrait les désavouer qu'en suivant les règles ordinaires du désaveu. Quelques auteurs, il est vrai, n'admettent pas ce système et prétendent que l'enfant n'a pas pour père le mari, puisque les époux étaient devenus étrangers l'un à l'autre. Mais ce raisonnement ne saurait supporter la critique, car l'action en nullité a justement eu pour but de faire tomber l'acte qui déclarait les deux époux désormais étrangers.

IV. — Lorsqu'un divorce prononcé est entaché de nullité, il importe de savoir pendant combien de temps cette nullité pourra être invoquée.

L'art. 2262, C. civ. dit bien que « toutes les actions, « tant réelles que personnelles, se prescrivent par « trente ans » ; mais cet article ne peut pas s'appliquer en notre matière.

Nous en dirons autant de la prescription décennale de l'article 1304, C. civ. Cette disposition suppose une ratification d'une obligation contractée par une personne incapable.

Les motifs pour lesquels nous écartons ces deux textes, nous conduisent à notre conclusion : L'action en nullité du divorce est *imprescriptible*. C'est une action d'état ! Nous lui appliquerons l'art. 328, C. civ.

Nous pouvons ajouter que tout ce qui a trait au divorce intéresse l'ordre public, et que les actions en nullité qui naissent à cette occasion étant aussi d'ordre public, sont par là même imprescriptibles.

V. — Enfin, quel sera le tribunal compétent pour

connaître de cette action ? Il nous semble raisonnable d'admettre que ce sera le tribunal qui a prononcé le divorce. Outre cette considération que ce tribunal pourra mieux que tout autre apprécier le cas qui lui est soumis, nous ferons encore remarquer qu'il serait difficile d'en trouver un autre. Lequel choisira-t-on ? Celui du domicile du mari ou du domicile de la femme ? Car il peut arriver que chaque époux ait un domicile séparé.

On ne saurait prétendre, en effet, que ce sera toujours le domicile du mari, parce que la femme ne saurait en avoir un autre qui lui soit personnel. Nous sommes, en effet, ici en présence d'époux divorcés, et tant que la nullité n'est pas prononcée le divorce existe.

CHAPITRE IX

Des mesures provisoires

SECTION I. — Mesures provisoires quant à la personne des époux.

ART. 268. — *La femme demanderesse ou défenderesse en divorce pourra quitter le domicile du mari. Le Tribunal indiquera la maison dans laquelle la femme sera tenue de résider et fixera, s'il y a lieu, la provision alimentaire que le mari sera obligé de lui payer.*

ART. 269. — *La femme sera tenue de justifier de sa résidence dans la maison indiquée, toutes les fois qu'elle en sera requise ; à défaut de cette justification, le mari pourra refuser la provision alimentaire, et, si la femme est demanderesse en divorce, la faire déclarer non recevable à continuer ses poursuites.*

SOMMAIRE :

I. — Observations générales.
II. — Droit pour la femme de se retirer du domicile conjugal.
III. — Le tribunal indique le résidence nouvelle de la femme.

IV. — Il peut ordonner au mari de quitter le domicile conjugal.
V. — La femme ne peut quitter le domicile qui lui est indiqué.
VI. — Elle peut choisir le lieu de sa résidence en dehors du ressort du Tribunal saisi de l'action en divorce.
VII. — Pension alimentaire.
VIII. — Elle peut être demandée en tout état de cause.
IX. — Le mari peut aussi l'obtenir.
X — Provision *ad litem*.
XI. — Droits de l'avoué qui a avancé les frais.
XII. — Effets et hardes de la femme.

I. — Lorsque l'instance en divorce est engagée et que l'ordonnance du président est rendue, le conflit est né. Or, comme ce conflit entraînera probablement avec lui des troubles dans la famille, le législateur a dû prescrire certaines mesures dans l'intérêt de la paix publique et de la sécurité des époux. Aussi, dans une section spéciale, sous le titre de « Mesures provisoires », la loi indique certaines règles qui déterminent la position respective des parties pendant la durée de l'instance et l'étendue de leurs droits, aux regard des enfants nés du mariage, ainsi que les mesures à prendre pour la conservation du leurs intérêts pécuniaires.

II — L'art. 268 dit que « la femme demanderesse ou « défenderesse en divorce pourra quitter le domicile « du mari pendant la poursuite et demander une « pension alimentaire proportionnée aux facultés du « mari. »

Cette disposition de notre article est facile à comprendre. Comment continuer l'intimité de la vie conjugale après la demande en divorce ? La position de la femme ne serait-elle pas intolérable devant ce mari qu'elle poursuit et dont elle aurait à subir les reproches et peut-être même les menaces et les mauvais traitements? Aussi la loi lui donne-t-elle le droit de se retirer de la maison conjugale. Ce droit le tribunal peut en déterminer l'exercice, mais il ne peut le lui refuser; la femme peut même quitter la maison de son mari sans y avoir été préalablement autorisée.

III — Lorsque la femme a quitté le domicile conjugal elle ne peut choisir à son gré sa nouvelle résidence. Au cas de séparation de corps, les époux peuvent convenir entre eux du lieu où devra se retirer la femme, Lorsque cette convention n'a pas été faite, c'est au président de fixer le domicile provisoire. Il n'en est pas de même au cas de divorce; la seconde partie de l'art. 268 dit formellement que ce sera le tribunal qui indiquera la maison dans laquelle la femme sera tenue de résider. La différence qui existe entre notre hypothèse et celle de la séparation de corps se comprend facilement. (1)

Dans le cas de séparation le président joue un grand rôle dans les préliminaires de l'instance; c'est devant lui seul que les époux se présentent pour accomplir les formalités préliminaires de conciliation, c'est lui seul qui donne le permis de citer, etc...

Dans le cas de divorce, il n'en est pas de même. C'est le tribunal tout entier qui statue presque dès le

(1) Il a, du reste, été jugé tout dernièrement encore, que lorsqu'un tribunal est s isi d'une instance en séparation de corps et que l'on se trouve, non au début, mais au cours de l'instance, ce n'est plus au Président mais au Tribunal tout entier qu'il appartient de fixer la résidence de la femme : V. Rouen, 19 décembre 1883, *Gazette du Palais*, 1884, p. 469.

début de l'instance. Il était donc logique que ce fût lui qui indiquât à la femme son domicile provisoire.

Il faut cependant ajouter qu'en certains cas, lorsqu'il y a urgence, le président peut en référé, rendre une ordonnance fixant la demeure provisoire où la femme pourra se retirer ; elle gardera ce domicile jusqu'à ce que le tribunal lui en ait indiqué un autre et c'est à ce domicile, et non à celui de son mari, que devront être faites toutes significations. (1).

IV. — L'art. 268 ne prévoit que le cas où c'est la femme qui doit quitter le domicile conjugal, mais n'a-t-elle pas aussi le droit de demander aux juges d'ordonner au mari de se retirer de ce domicile commun ?

Certains auteurs et certains arrêts ont affirmé ce principe qu'on ne pouvait jamais chasser le mari de la maison conjugale, même au cas où cette maison était un bien paraphernal appartenant à la femme, que ce serait faire échec à l'autorité maritale et que le texte, de même que les principes généraux du droit s'y opposaient également. (2).

Nous ne pouvons partager cette opinion. Si l'art. 268 ne parle que de la femme, c'est qu'il a prévu le cas le plus ordinaire, mais on ne peut s'en tenir à la lettre de cet article sans aboutir, comme nous le verrons plus loin, à des conséquences inadmissibles. Quant aux principes, ils ne nous paraissent guère intéressés à la solution : le respect de la puissance maritale, va-t-il faire échec à une mesure utile et

(1) Liège, 8 août 1870. *Pasicrisie*, 1871, II, 157.

(2) Rouen, 3 mai 1847, Sir. 48.2.654 ; Paris, 17 juin 1858, Sir. 59.2.45.

juste au cours d'une instance qui a pour objet de détruire avec les liens conjugaux la puissance maritale elle-même.

Des motifs tirés de l'intérêt le plus élevé justifient cette solution.

Lorsque la femme est commerçante, que seule, elle exploite le commerce qui constitue peut-être l'unique ressource du ménage, pourrait-elle être contrainte d'abandonner ses affaires, que le mari est peut-être incapable de conduire et qu'il peut irrémédiablement compromettre : il n'est pas possible, en présence d'un texte aussi incomplet que celui de l'art. 268 de supposer que le législateur ait voulu consacrer une pareille injustice.

La jurisprudence paraît du reste fixée en faveur du droit de la femme. Ainsi, il a été jugé que la femme peut faire expulser son mari lorsqu'elle est propriétaire de la maison où est établi le domicile conjugal (1). Même décision au cas où elle exploite un fonds de commerce (2). On lui reconnaît tous les moyens de droits dont pourrait disposer son conjoint, et même la faculté de recourir à la force publique, pour procéder à l'expulsion autorisée par la décision de justice qu'elle a obtenue de la juridiction compétente.

V. — L'art. 269 oblige la femme à résider dans la

(1) *V.* Douai, 6 axril 1853, Dall., 56.2.145; Orléans, 10 juin 1853, Dall., 53.2.151; Trib. Bruxelles, 16 décembre 1871. *Pasicrisie,* 1872, 3-40, et encore Liège, 17 juin 1880. *Pasicrisie,* 1881, 2-116.

(2) *V.* Paris, 2 août 1841; Dall., 49.2.45, note 1. Trib. civ. de la Seine, 27 janvier 1843 *ibid*; Douai, 3 avril 1852, cité plus haut; Paris, 21 janvier 1857, Dall., 57.2.194.

maison qui lui a été indiquée par le tribunal et il sanctionne cette obligation, en déclarant que la femme qui aurait quitté la maison à elle indiquée perdra le droit à la pension alimentaire que doit lui fournir le mari (1) et dont nous allons parler plus loin.

L'art. 269 ajoute même que la femme devra justifier de sa résidence dans ladite maison, chaque fois qu'elle en sera requise et que faute de cette justification son mari pourra la faire déclarer, quant à présent non recevable en sa demande. Il ne faudrait pas croire qu'il s'agit ici d'une fin de non-recevoir contre l'action en divorce, comme celles dont traite les art. 272 et suivants.

L'action en divorce n'est nullement éteinte, seulement la femme ne peut continuer la procédure tant qu'elle ne satisfait pas à l'obligation que la loi lui impose. C'est ce que vient de juger dernièrement encore le Tribunal de Lyon (2), en ajoutant toutefois que le tribunal doit apprécier si la femme a eu des motifs raisonnables pour changer d'asile, que dans ce cas la justice peut lui accorder un délai soit pour réintégrer la résidence qu'elle a quittée soit pour solliciter l'indication d'une nouvelle demeure (3).

(1) Toutefois, le tribunal doit apprécier si les causes qui ont déterminé la femme à quitter le domicile conjugal par la femme sont, oui ou non, légitimes. (V. Tribunal de Bruxelles, 19 novembre 1859, *Belgique judiciaire*, 1860, p. 303).

(2) Lyon, 29 novembre 1883, *Gazette du Palais*, I, 1884. Supplément, p. 14. Addé, Cass. civ., 16 janvier 1815. S. a., 16.1.32.

(3) *V.* Conforme, Laurent : tome III, n. 259, p. 300; Gand, 9 décembre 1864, *Pasicrisie*, 1865, II, 66.

Dans le cas où le tribunal n'a pas indiqué la maison où la

VI. — Une dernière question reste à examiner sur le domicile provisoire de la femme. Ce domicile peut-il être situé hors de l'arrondissement du domicile conjugal ? Cette question a été résolue autrefois dans le sens de la négative (1). Si la loi oblige la femme de résider dans la maison qui est indiquée par le tribunal c'est pour permettre au mari d'exercer sa puissance maritale qui n'a pas cessé de lui appartenir. De plus, il faut que la femme puisse, si l'instance est contradictoire, fournir sans cesse des renseignements aux juges du tribunal compétent qui est celui du domicile du mari.

Malgré ces raisons qui peuvent paraître fort probantes au premier abord, nous n'hésitons pas à déclarer avec la doctrine presque unanime et sur l'autorité de plusieurs arrêts (2) que le tribunal pourra assigner comme résidence à la femme une maison située hors du territoire de son ressort. Si la femme par exemple, veut se retirer chez ses parents et que ceux-ci habitent hors de l'arrondissement (3).

Quel que soit le pouvoir d'appréciation laissé au juge, il été cependant jugé que le tribunal ne pouvait

femme doit se retirer, cet oubli ne doit lui préjudicier. Bruxelles, 27 germinal, an XIII. S. c. n., 2.2.42.

C'est dans un même esprit qu'il a été jugé que la femme n'a encouru aucune déchéance dans le cas où le tribunal lui ayant indiqué, comme lieu de résidence, la maison de son père, elle a été placée par celui-ci dans une autre maison. Paris, 10 ventose, an XII. S. 4.2.95.

(1) *V.* Paris, 4 décembre 1810, Sirey, 1811, II, 435.

(2) *V.* Paris, 15 juin 1227, Dalloz J.-G., v°, *Sep. de corps*, n. 136.

(3) *V.* En ce sens, Demolombe, tome IV, n. 455 *bis*, p. 532 et 533, et Demante, tome II, n. 12 *bis*, I.

autoriser la femme à rester au domicile du mari pendant l'instance en divorce et à vivre séparée de lui dans ce domicile (1).

VII. — La loi ne devait pas se borner à assurer la protection de la femme contre les mauvais traitements de son mari ; en cas d'instance en divorce, elle devait pourvoir aussi à sa vie matérielle. C'est ce qu'elle fait en lui accordant une pension alimentaire. Cette pension sera proportionnée aux besoins de la femme et aux facultés du mari ; c'est aú tribunal qu'il appartient d'en fixer le chiffre.

Le tribunal devra du reste refuser toute pension à la femme dont les biens personnels au cas de séparation de biens, ou de régime dotal avec paraphernaux, suffiraient à ses besoins. Cependant la Cour d'Aix (2) dans un arrêt déjà ancien a jugé le contraire (3).

VIII. — La pension alimentaire peut être demandée en tout état de cause. Aussi peut-on pour la première fois la demander aux juges d'appel ; elle est en effet attribuée à la femme pour lui permettre de subvenir à ses besoins et continuer le genre de vie auquel elle était habituée pendant la vie commune : si donc par une cause quelconque, les res-

(1) *V.* Colmar, 26 février 1808. Sirey, 10.2.551 ; Trèves, 10 août 1813, Dalloz, jurisprudence générale au mot *séparation de corps*, n. 459.

(2) Aix, 19 août 1868. Sirey, 1870.1.264 ; *adde* Paris, 13 frimaire an XIV. S. 6.2.110.

(3) Voir dans notre sens Demolombe, tome IV, n. 458, p. 534. Zachariæ I, p. 262. Voir aussi sur ce point Fenet IX, 424 et 438.

sources qu'elle pouvait avoir au début de l'instance venaient à lui faire défaut, elle aurait le droit de saisir la juridiction devant laquelle son instance en divorce est pendante pour faire fixer la pension à laquelle elle a droit (1). Elle peut être demandée même pendant l'instance en cassation, mais alors ce ne sera pas devant la cour suprême que la demande pourra être faite, puisque celle-ci n'est jamais juge du fait (2).

IX. - La loi ne parle que de la pension alimentaire de la femme, mais il est certain qu'ici encore il faut étendre au mari ce que l'art. 268 dit de la femme. Le mari aura donc droit dans le cas où la femme posséderait seule une certaine fortune d'obtenir d'elle une pension alimentaire. En effet, nous avons vu tout à l'heure qu'il ne fallait pas s'en tenir à la lettre de l'art. 268 ; de plus le mariage n'étant pas encore dissous pendant l'instance, les époux se doivent toujours mutuellement secours et assistance (3).

X. — Ce n'est pas seulement une pension alimentaire que le mari devra fournir à sa femme ou la femme à son mari, c'est encore une provision *ad litem*, c'est-à-dire une somme suffisante pour lui

(1) Dijon, 6 mai 1841, Sirey, 1841, II, 355 ; Trib. Verviers, 13 août 1867, *Pasicrisie*, 1872-3-163. Zachariæ, tome I, p. 262.

(2) V. Cassation de Darmstadt, 13 décembre 1841, *Belgique judiciaire*, tome XVII, p. 1382.

(3) V. Dijon, 10 mars 1841, Dalloz J.-G., vº, *Sép. de corps*, n 151, et vº, *Demande nouvelle*, n. 139 ; Orléans, 13 mars 1845, Dall., 45.4,474.

Contrà Trib. de Bruxelles, 24 juillet 1876, *Pasicrisie*, 1877.3. 250.

permettre d'intenter l'action en divorce ou de continuer la procédure commencée. La loi ne l'a pas dit d'une manière expresse, mais la jurisprudence est unanime à consacrer ce droit au profit de l'un et l'autre époux.

XI. — On s'est demandé si, dans le cas où le divorce était prononcé, l'avoué qui avait occupé pour la femme avait un recours contre le mari, au cas où la provision allouée se serait trouvée insuffisante.

L'affirmative a été admise par la Cour de Caen dans une affaire de séparation de corps qui se présentait dans les circonstances suivantes.(1) Une femme avait intenté à son mari un procès en séparation de corps. Les premiers juges, après enquête, refusèrent de faire droit à sa demande. Appel fut porté par la femme devant la Cour de Caen et une seconde provision ad litem fut demandée par elle, la première, n'ayant même pu suffire aux frais de première instance. La Cour condamna le mari défendeur à verser une nouvelle provision dont une partie devait être employée au paiement du reliquat des frais de première instance.

Mais si la provision ayant été insuffisante l'instance a pris fin sans qu'une provision complémentaire ait été demandée, le mari, s'il a gagné son procès, est-il néanmoins débiteur des frais exposés par l'avoué de sa femme ? La Cour de Bruxelles a jugé (2) que la dette ainsi contractée par la femme

(1) Caen, 25 août 1883, *Gazette du Palais et du Notariat*, 841-537 ; *V.* également en ce sens Req., 22 novembre 1853, Dall., 54. 1.37, et notamment Liège, 8 juillet 1858, *Pasicrisie*, 1859, II, 25.

(2) *V.* Bruxelles, 15 février 1875, *Pasicrisie*, 1875, II, 312.

ainsi contractée par la femme au regard de son avoué se trouve réglée par les principes généraux du droit commun (1).

XII. — Reste une dernière question à examiner : Le code de procédure dans son art. 878, dit que le président ordonnera de remettre à la femme les effets à son usage journalier. Le Code civil ne dit rien de ce chef au titre du divorce et se contente de parler de la pension alimentaire. Il est évident que sous la qualification d' « aliments », la loi comprend les effets de la femme ; « les habillements font sans aucun doute partie des *aliments* (2) ». La femme pourra donc emporter du domicile conjugal les effets à son usage.

Mais quels sont les effets qu'elle pourra enlever ? La Cour de Bruxelles, (3) a décidé en matière de séparation de corps que c'étaient seulement les effets ordinaires que la femme pourrait enlever et qu'en aucun cas on ne pourrait lui donner le droit d'emporter des toilettes de luxe, dont le besoin ne peut être allégué par la femme qui plaide en séparation.

Ajoutons enfin que si c'est le tribunal qui est compétent pour fixer la pension alimentaire et pour ordonner l'enlèvement des effets de la femme. Le président en cas d'urgence peut en statuant en

(1) Le payement de la pension alimentaire ne peut, d'après la Jurisprudence, être demandé que sur les revenus et les capitaux du mari. Serait donc nulle la saisie-exécution faite par le demandeur sur le mobilier de son conjoint. Paris, 30 novembre 1812. S. c. n. 4.2.207.

(2) *V.* Laurent III, n. 261, p. 302.

(3) *V.* Bruxelles, 26 juin 1849, *Pasicrisie*, 1850, II, 289.

référé, donner à la femme toutes les autorisations nécessaires lesquelles n'auront du reste qu'un caractère provisoire.

SECTION II. — Des mesures provisoires quant aux enfants.

ART. 267. — *L'Administration provisoire des enfants restera au mari demandeur ou défendeur en divorce, à moins qu'il n'en soit autrement ordonné par le Tribunal, sur la demande, soit de la mère, soit de la famille, ou du ministère public, pour le plus grand avantage des enfants.*

SOMMAIRE :

I. — La garde des enfants appartient en principe au père.
II. — Pour la lui enlever il faut une décision du Tribunal.
III. — Cependant le Président peut statuer en référé.
IV. — Il appartient aux juges du fait de choisir le lieu où doivent être placés les enfants.
V. — Personnes qui ont droit de provoquer des mesures provisoires.
VI. — Les mesures prises sont temporaires.
VII. — Sanction.

I. — Le législateur a dû pourvoir aussi à la garde et à l'éducation des enfants, ainsi qu'à l'administration de leurs biens.

L'art. 267 qui prévoit ces mesures déclare que c'est le père qui conserve la garde et l'administration provisoire de ses enfants ; peu importe, du reste, qu'il soit demandeur ou défendeur, notre article ne fait aucune distinction et se borne à une restriction dont nous allons parler tout à l'heure.

Le père conserve la garde et l'administration provisoire des enfants, car malgré la demande en divorce il reste toujours chef de la famille, investi et la puissance maritale et paternelle.

Cependant l'art. 267 après nous avoir dit que le père conserve cette administration provisoire ajoute : « à moins qu'il n'en soit autrement ordonné par le « Tribunal sur la demande soit de la mère, soit de « la famille ou du ministère public, pour le plus « grand avantage des enfants. » Il serait parfois, en effet, trop immoral, trop dangereux, de laisser au père la garde des enfants. Va-t-on lui confier, par exemple, sa jeune fille, alors que le divorce est demandé contre lui pour cause d'adultère et qu'il n'hésite pas à conserver sa concubine dans le domicile conjugal ?

II. — C'est le Tribunal qui doit choisir la personne à laquelle seront confiés les enfants, dans le cas où pour leur plus grand avantage, on déroge, comme nous venons de le voir à la puissance paternelle. Ce n'est pas au président qu'appartient ce droit : l'art 267 dit formellement que c'est le Tribunal qui doit statuer, et le code de procédure n'a nullement modifié le code civil sur ce point. Ce qui prouve jusqu'à l'évidence ce que nous avançons, c'est que dans le projet primitif le mot « juges » se trouvait à la place du mot « tribunal » et que cette dernière expression vint remplacer la première précisément pour prévenir l'équivoque. (1)

(1) V. Fenet XI, p. 346.

III. — Cependant le Président pourrait, en cas d'urgence et par voie de référé, ordonner provisoirement la remise des enfants à la mère ou à une autre personne; dans ce cas il devrait se conformer aux règles des art. 806 et s. C. pr. civ. et statuer en tant que juge et non en tant que magistrat conciliateur, comme dans le cas de l'art. 238 C. civ. La décision qu'il rend est une véritable décision contentieuse susceptible d'appel. (1) Toutefois un arrêt de la cour de Liège paraît décider le contraire, il déclare que « la Cour « d'appel ne peut, à l'occasion de l'appel d'une or- « donnance de référé, sur une demande incidente de « l'une des parties, régler le sort de l'enfant lors- « qu'une demande en divorce est introduite; c'est au « juge saisi de l'action qu'appartient la connaissance « de ce point. (2)

IV. — Le tribunal peut confier les enfants à la mère, mais il peut aussi les confier à une tierce personne. Sur ce point les juges du fait ont une appréciation souveraine. Ils peuvent donner la garde des enfants aux grands parents, par exemple, ou ordonner qu'ils seront placés dans une maison d'éducation avec faculté au père et à la mère de les visiter (3).

La jurisprudence décide encore que les tribunaux pourront prendre en considération *l'intérêt des époux* à propos de la garde des enfants. C'est ainsi

(1) *V.* Paris, 5 janvier 1848, Dalloz J.-G., v°, *Sép. de corps*, n. 130 et 103, 6°.

(2) *V.* Liège, 1er mai 1861, *Belgique judiciaire*, 1862, p. 785.

(3) *V.* Angers, 18 juillet 1808, Sirey., Code civ. annoté, sous l'art. 267, n. 2 (3e édition).

qu'il a été jugé qu'une mère malade ne sera pas privée de sa fille pendant l'instance du divorce (1).

Dans le cas où devant le tribunal il y aurait contestation entre les époux au sujet de l'administration provisoire des enfants, il devra être statué, eu égard aux soins qu'exigent l'âge et le sexe de ces enfants (2). Si l'un des époux articulait des faits tendant à établir que son conjoint est indigne, le tribunal ne pourrait cependant pas ordonner une enquête, car ordonner une preuve préalable à l'adoption d'une mesure provisoire serait aller à l'encontre même du caractère provisoire de la mesure sollicitée.

V. — Les mesures prescrites par l'art. 267 doivent être prises sur la demande soit de la mère, soit de la famille ou du ministère public, nous dit la loi. Il est bien entendu que le père pourrait malgré le silence de notre article demander ces mesures provisoires; il pourrait demander, par exemple, que les enfants soient séparés de leur mère à qui un premier jugement les aurait confiés (3) pour être placés dans une maison d'éducation.

Dans le cas où le père et la mère peu soucieux des intérêts de leurs enfants ne demanderaient pas au tribunal de prendre les mesures provisoires nécessaires la famille pourra solliciter ces mesures.

Par « famille » l'art. 267 entend non pas un parent isolé, mais suivant l'expression de la loi du 20 septembre 1792, « l'assemblée de la famille » (4).

(1) V. Bruxelles, 7 août 1829, Dall. J.-G., v°, *Puissance paternelle*, n. 58, 6°.

(2) V. Bruxelles, 26 juin 1849, *Pasicrisie*, 1849, II, 217.

(3) V. Paris, 20 novembre 1832, Sir., 52.2.654.

(4) V. Demolombe IV, n. 454, p. 530.

VI. — Les mesures que le tribunal prend à l'égard des enfants sont essentiellement temporaires ; les juges peuvent donc, quand ils le croient bon, revenir sur leur première décision. Ils le peuvent même au cas où, le divorce étant prononcé, ils ont confié les enfants à l'un des époux ; à plus forte raison le pourront-ils lorsque l'instance est encore pendante (1).

VII. — Quelle sera la sanction des mesures provisoires ordonnées par le tribunal ?

Il est évident que l'exécution de ces mesures pourra avoir lieu *manu militari* (2), c'est-à-dire que si l'époux auquel la garde des enfants a été refusée, ne veut pas les remettre à son conjoint ou, en général, à la personne à laquelle ils ont été confiés, on pourra se servir de la force publique pour les reprendre, et les remettre à la personne désignée par le tribunal.

Mais si la mère, par exemple, au cas où le tribunal a confié au père la garde des enfants, enlève ceux-ci et les conduit à l'étranger de façon à échapper à toute recherche, aura-t-on contre elle un moyen quelconque de coërcition ? La jurisprudence est unanime à déclarer qu'on pourra saisir ses revenus jusqu'au jour où elle se sera conformée à la décision du tribunal ?

Il a même été décidé que la femme pourrait ainsi

(1) V. Bordeaux, 9 juin 1832, Dalloz J. G. v° *Séparation de corps*, n, 327.

(2) Laurent III, n. 256. p. 297 ; Dalloz J.-G., v°, *Sép. de corps*, n. 127.

être condamnée à payer tant par jour de retard à titre de dommages-intérêts (1).

Nous n'hésitons pas à déclarer que ces décisions sont absolument contraires aux principes de notre droit. Et d'abord la retenue des revenus ne peut se faire que pour l'exécution d'une obligation ; or, peut-on, véritablement dire que dans l'hypothèse que nous venons d'examiner, il y a une inexécution d'une obligation. Quelle obligation la femme a-t-elle contractée ? Dans quelle catégorie rangera-t-on cette obligation ?

Quant aux dommages-intérêts la chose se comprend encore moins. Quelle perte éprouve le père à qui on refuse de remettre ses enfants ? Quel est le gain dont il est privé ? quel est en un mot, le *dommage* pécuniaire qu'on lui a causé. De plus, il ne faut pas oublier que dans les mesures provisoires dont nous parlons, il ne s'agit pas de l'avantage des parents, mais bien de celui des enfants.

La Jurisprudence est du reste si inconséquente qu'elle déclare qu'alors qu'on pourra user de ces moyens de coërcition contre la mère, on ne pourra jamais s'en servir contre le père (2).

Nous reconnaissons qu'avec notre système, la décision du Tribunal ne pourra pas dans certain cas, être exécutée. Mais la loi n'ayant édicté aucune sanction, nous ne pouvons y suppléer, car nous ne saurions admettre que l'art. 1142 C. civ. s'applique

(1) V. Colmar, 18 juillet 1833, Dalloz. Jurisprudence générale V° *Mariage*, et Cassation, 4 avril 1865, Dalloz, 1865.1.387.

(2) V. Arrêts cités dans Dalloz. Jurisprudence générale, v°. *Séparation de corps*, n 128.

à notre matière pour la raison que cet article ne vise que des droits pécuniaires. (1).

SECTION III. — Des mesures conservatoires, ou des mesures provisoires quant aux biens

ART. 270. — *La femme commune en biens, demanderesse ou défenderesse en divorce, pourra en tout état de cause, à partir de la date de l'ordonnance dont il est fait mention en l'article 238, requérir, pour la conservation de ses droits, l'apposition des scellés sur les effets mobiliers de la communauté. Ces scellés ne seront levés qu'en faisant inventaire avec prisée, et à la charge par le mari, de représenter les choses inventoriées, ou de répondre de leur valeur comme gardien judiciaire.*

ART. 271. — *Toute obligation contractée par le mari à la charge de la communauté, toute aliénation par lui faite des immeubles qui en dépendent, postérieurement à la date de l'ordonnance dont il est fait mention en l'article 238, sera déclarée nulle, s'il est prouvé d'ailleurs qu'elle ait été faite ou contractée en fraude des droits de la femme.*

SOMMAIRE

I. — La femme commune en biens peut requérir l'apposition des scellés sur les effets mobiliers de la communauté.
II. — Ce droit ne lui appartient pas sous les autres régimes matrimoniaux.
III. — Les juges peuvent refuser l'apposition des scellés remplacer cette mesure par une autre plus douce.

(1) V. Laurent, tome III, n. 256, p. 297;

I. — La femme commune en biens a, d'après l'art. 270, le droit de faire apposer les scellés sur les effets mobiliers de la communauté. C'est une mesure conservatoire que la loi a prise contre le mari, qui pourrait, par vengeance ou par cupidité, aliéner en fraude des droits de sa femme, les biens communs.

Cette mesure n'attente en rien, comme nous le verrons par la suite, aux droits du mari comme chef de la communauté. C'est une simple mesure préventive pour l'empêcher de diminuer à son profit, un patrimoine dont l'administration lui a été confiée.

La femme peut requérir l'apposition des scellés, qu'elle soit demanderesse ou défenderesse,(1) mais au moins son mari peut-il en requérir la levée en faisant inventaire avec prisée de tous les effets mobiliers composant la communauté.

II. — Le régime de la communauté n'est pas le seul

(1) *V.* Bruxelles, 11 août 1808. S., 1808, II, 47.

sous lequel les époux peuvent se marier. C'est à la vérité, le régime de droit commun, mais les époux sont maîtres d'en choisir un autre, ils peuvent même, sans prendre aucun des régimes indiqués par le code, régler, comme ils l'entendent, leurs conventions matrimoniales.

Nous nous trouvons alors dans un grand embarras. Notre article 270 ne parle que de la femme commune en biens. Il lui donne, comme nous venons de le voir, le droit de faire apposer les scellés ou tout au moins, de faire de suite inventorier les objets mobiliers qui composent le patrimoine commun du ménage. Faut-il étendre aux autres régimes matrimoniaux, ce que notre article dit du régime de la communauté ?

En ce qui touche le régime de la séparation de biens, la question ne se pose même pas, car les deux patrimoines restant séparés, et le mari n'ayant nullement l'administration des biens de sa femme, celle-ci n'a besoin d'aucune protection, puisqu'elle n'a pas de fraude à craindre.

Mais dans le régime sans communauté (art. 1530 c. civ.) et dans le régime dotal, où le mari administre seul tous les biens (à l'exception, bien entendu, des biens paraphernaux dans le régime dotal), étendrons-nous à ces régimes les prescriptions de l'art. 270? D'excellents auteurs (1) penchent pour l'affirmative ; ils disent que les mots « femme commune », employés par la loi, ne doivent pas être pris ici dans leur sens ordinaire, dans leur sens étroit, mais dans le sens de « femme mariée », dont le patrimoine est en fait confondu avec celui de son mari. Ils ajoutent que la

(1) V. Laurent III, n. 267; Demolombe IV n. 466.

femme mariée, sous le régime dotal ou sous le régime sans communauté, a tout aussi besoin de la protection de l'art. 270 que la femme commune, qu'on ne pourrait donc comprendre pourquoi on traiterait l'une mieux que l'autre. Ils en concluent que la femme a, dans tous les cas, le droit de faire apposer les scellés.

Malgré ces excellentes raisons, nous ne pouvons nous ranger à l'avis de ces auteurs et nous pensons avec la Jurisprudence, (1) qu'on ne doit pas étendre l'art. 270. Lorsque les rédacteurs du Code ont écrit le mot « femme commune » ils savaient parfaitement quelle était la portée de cette expression. A ce moment on était encore loin du titre du contrat de mariage, et on ne savait pas quel serait le régime de droit commun. Qu'il y ait là imprévoyance du législateur, peut-être, mais nous nous refusons d'étendre un article qui prescrit des mesures dont les graves conséquences amoindrissent dans une certaine mesure l'autorité maritale.

III.—On a recherché à propos du droit de la femme de provoquer des mesures conservatoires, quelle est l'étendue de l'art. 270. Cet article prescrit-il un système de mesures conservatoires complet et indivisibles, ou bien le juge du fait peut-il prescrire des mesures plus douces ou plus rigoureuses selon les circonstances ?

Si l'art. 270 permet à la femme de provoquer des mesures conservatoires, c'est pour lui assurer la sauvegarde de ses intérêts. Si donc les intérêts de la

(1). *V.* Paris, 20 mai 1829, Dalloz, J. G. V. *Sép. de biens.* n° 162.

femme sont suffisamment assurés sans l'apposition des scellés, le juge du fait pourra empêcher cette mesure. Nous ne pouvons donc qu'approuver l'arrêt de la cour de Liège qui dispense de l'apposition des scellés, le mari qui s'offre à faire immédiatement inventaire ; d'autant que cette mesure peut quelque fois entraver le fonctionnement d'un fonds de commerce et lui porter le plus grand préjudice. (1)

IV. — Mais supposons l'hypothèse inverse ; les mesures autorisées par l'art. 270 peuvent n'être pas suffisantes pour sauvegarder les droits de la femme, pourrait-il lui être permis de recourir à des mesures plus rigoureuses ?

On peut objecter que l'art. 270 déroge gravement aux droits du mari comme chef de la communauté ; et que toute dérogation au droit commun est de stricte interprétation (2). Cette considération est loin d'être probante et nous pouvons répondre à M. Laurent, par les propres paroles de M. Laurent : « Vainement « objecte-t-on que la solution que nous proposons « déroge aux pouvoirs du mari. Sans doute, mais « le but de la loi a été précisément de modifier « le pouvoir absolu du mari (3) ».

Notre conclusion est donc celle-ci : de même qu'il ne faut pas admettre que la femme puisse, par mesures vexatoires, persécuter son mari, sous prétexte de protéger ses propres intérêts ; de même, ne faut-il pas admettre que le mari, sous le couvert de sa puis-

(1). Liège 17 février 1847. *Pasicrisie* 1847, II, 145.
(2). Laurent, III, n° 268 p. 307.
(3). V. Laurent, III. p. 265.

sance maritale, puisse à son gré compromettre la communauté dont il a l'administration.

V. — La femme peut donc demander, selon les circonstances, le sequestre des biens — meubles ou immeubles — de la communauté; elle peut exiger le dépôt des sommes d'argent à la caisse des consignations.

En vain invoquerait-on en faveur du mari des considérations tirées de la puissance maritale ; vouloir dessaisir le mari de l'administration qu'il tient de la loi pour la confier à un tiers, ce serait, objecte-t-on, contrevenir à l'art. 270, C. civ. qui exige que le mari soit nommé gardien judiciaire (1). A quoi nous répondrons, que le droit commun consacré par l'article 1180 du Code civil permet à tout créancier d'une obligation conditionnelle de prendre des mesures conservatoires de ses droits, et que l'on ne saurait, sans texte ni sans raison sérieuse, priver la femme de ce droit. Le juge aura du reste un pouvoir d'appréciation souverain et ne prescrira que les mesures justifiées par les circonstances (2). Et qu'on n'objecte pas que l'art. 1961 C. civ. est limitatif, qu'il ne permet le sequestre, que dans les trois cas par lui déterminés ; le deuxième alinéa de cet article est conçu dans des

(1). *V.* Liège 13 janvier 1809. Sir. 1809, 2. 211 ; Angers 27 août 1817. Sir 18, 2 131 ; Bordeaux 6 février 1850. Sir. 50, 2.336. — *Sic.* Laurent III. n° 268 p. 308. — Aubry et Rau *V.* § 493 texte et note 34.

(2). *V.* Demolombe IV. n° 365 ; Metz 23 juin 1819. Sir. 19. 2. 276 ; Caen 16 mars 1825, Dall. 27. 2. 1 ; Caen 29 mai 1849. Sir. 49. 2. 692 ; Douai 6 février 1853. Sir. 55. 2. 714 ; Cass. 14 Mars 1855. Sir. 56. 1. 655.

termes assez généraux pour qu'il nous soit permis d'y faire rentrer l'hypothèse qui nous occupe.

VI. — Il reste bien entendu, d'ailleurs, que nous n'allons pas jusqu'à accorder à la femme des droits sur les biens personnels de son mari. C'est dans cet ordre d'idées que la cour de Caen a déclaré que dans l'inventaire dressé en vertu de l'article 270 c. civ. ne doivent pas être compris les papiers, des lettres, missives appartenant au mari et étrangers aux intérêts pécuniaires de la femme (1).

La Cour de Rouen, toujours dans le même sens, a admis, que les lettres missives déclarées confidentielles par le mari doivent également être exclues de l'inventaire de l'art. 270 c. civ. (2).

VII. — Ce droit à l'apposition des scellés appartient-il exclusivement à la femme ou également aux deux époux ?

La jurisprudence n'est pas définitivement fixée sur ce point : Nous trouvons deux arrêts en sens contraire. D'après la Cour d'Angers « le mari peut requé-
« rir l'apposition des scellés sur les meubles qui
« dépendent de la communauté et spécialement sur
« les effets de la communauté qu'il prétend que sa
« femme a emportés dans sa résidence provisoire ; et
« cette apposition des scellés, fût-elle même irré-
« gulière en ce qu'elle aurait eu lieu sans autorisa-
« tion de justice, le juge ne pourrait en ordonner la
« levée sans inventaire (3) », La Cour de Paris, a, au

(1). *V.* Caen 19 décembre 1865. Sir. 66. 2. 234. (Dall. 66. 2. 70).
(2). *V.* Rouen 23 Mars 1864. Sir. 64. 2.143.
(3) *V.* Angers, 16 juillet 1817. Dall. J.-G., v°, *Sép. de corps*, n. 166.

contraire, jugé que le mari ne peut pas invoquer l'art. 270 (1).

Le système de la Cour d'Angers nous semble préférable : la loi prévoit le *plerumque fit*. Son texte n'est pas limitatif (2).

VIII. — Faut-il que l'époux qui veut provoquer ainsi des mesures provisoires se fasse autoriser préalablement par le juge?

Nous croyons avec la généralité des auteurs que cette autorisation n'est pas nécessaire ; l'expression dont se sert la loi : « requérir » ne nous semble pas comporter d'ambiguité.

On peut ajouter que cette mesure est toujours urgente, et la nécessité de recourir à l'autorisation du juge créerait des lenteurs souvent préjudiciables.

Notons, toutefois, qu'à Paris l'usage est que la femme demande l'autorisation du juge qui lui est accordée sur requête (3).

IX. — La loi en permettant à la femme de provoquer des mesures conservatoires de ses droits s'empresse de déclarer nulles toutes les obligations contractées par le mari postérieurement à l'ordonnance du président dont il est fait mention en l'article 238, en fraude des droits de sa femme. C'est l'application d'une règle générale consacrée par l'article 1167. c. civ. en vertu de laquelle les créanciers peuvent

(1) *V.* Paris, 9 janvier 1823, Dall. J.-G., v°, *Sép. de corps*, n. 166.

(2) *V.* Demolombe IV, n. 469, et les autorités citées.

(3) *V.* Debelleyme, *Ordonnances sur référé*, I, p. 338 et s.

attaquer tous les actes faits par leur débiteur en fraude de leurs droits.

X. — Nous devons examiner : 1° Quels sont les droits des tiers — des créanciers de la communauté — en présence de ces mesures conservatoires prises par l'un des époux sur les biens de la communauté.

2° Quelle serait la situation des tiers avec lesquels le mari aurait passé des actes en fraude des droits de sa femme et au mépris des mesures conservatoires par elle prises.

Et d'abord en ce qui concerne les créanciers de la communauté, il a été jugé que « l'apposition des « scellés, faite sur les biens de la communauté à la « requête de la femme, n'empêche pas les créanciers « munis d'un titre exécutoire d'obtenir la main- « levée de ces scellés pour procéder à la saisie des « meubles, sans qu'ils soient obligés de faire inven- « taire, cette obligation n'étant imposée qu'au « mari. » (1)

Mais, si les mesures conservatoires provoquées par l'un des époux, et particulièrement par la femme, n'empêchent pas les créanciers de pratiquer une saisie, ce n'est pas à dire que leur droit primera celui de la femme. Lors de la dissolution de la communauté, la femme viendra alors en concurrence avec les créanciers.

Par cette solution nous adoptons le système de la cour de cassation, qui dans un arrêt solennel (qui

(1) *V*. Rennes, 8 août 1810. Dalloz J.-G, v°, *Sep. de corps*, n. 169. *Sic*, Toullier II, n. 776 ; Duranton II, n. 613 ; Massol, p. 164, n. 15.

fixe définitivement la Jurisprudence sur ce point) a déclaré que c'était en qualité de créancier et non de propriétaire que la femme exercerait ses reprises (1).

XI. — Sur la seconde question relative aux aliénations du mari faites en fraude des droits de la femme :

Rappelons d'abord un point qui est hors de controverse. Il a été jugé que si le mari est d'accord avec la femme pour vendre tel ou tel bien de la communauté, ou s'il se fait autoriser par la justice, la vente peut être valablement faite. (2).

Mais que décider si la vente a eu lieu sans accord préalable ou sans autorisation de justice? La question est vivement controversée.

On a dit que même en ce cas, la vente était valable : on s'appuie sur l'article 270 qui dit que le mari devra « représenter les choses inventoriées ou répondre « de leur valeur. »

Nous estimons au contraire que la loi impose au mari l'obligation de représenter les choses *en nature*, et lorsqu'il ne peut les représenter la loi lui ordonne d'en payer leur valeur, c'est donc une véritable peine dont il est frappé ; or une peine n'est pas une alternative (3).

Cela posé, quel sera le sort des aliénations faites

(1) *V.* Cass. 1er décembre 1858, Sir. 59.1.113 ; Civ. rej. 15 mars 1859. Sir. 59.1.192 ; Civ. cass. et civ. rej. 23 août 1859, Sir. 60.1.39 et 41.

(2) *V.* Bruxelles, 11 août 1808, Dalloz J.-G., v°, *Sep. de corps*, n. 362.

(3) *V.* Laurent III, n. 265, p. 305.

par le mari en fraude des droits de sa femme et par la femme en fraude des droits de son mari ?

Nous appliquerons ici la théorie que reproduit l'art. 271, c'est-à-dire la théorie de *l'action paulienne*. Nous distinguerons d'abord entre les aliénations à titre gratuit et les aliénations à titre onéreux. Les premières seront toujours annulées, en ce cas la fraude est présumée. Au contraire, s'il s'agit des aliénations à titre onéreux, nous ferons une nouvelle distinction : si les tiers ont été de bonne foi leurs droits seront inattaquables; s'ils ont participé à la fraude, ils en subiront les conséquences et ils verront leurs acquisitions annulées. (1)

Mais quand pourra-t-on dire qu'ils ont participé à la fraude, qu'ils ont été de mauvaise foi ?

On a prétendu (2), que les acquéreurs devraient être présumés de mauvaise foi par cela seul qu'ils avaient eu connaissance de la demande en divorce. Il nous semble que cette décision est trop absolue : certes, cette circonstance sera un indice grave mais il nous semble difficile, en pareille matière, où les faits doivent avoir tant d'influence sur la décision des juges, de poser un principe absolu ; nous croyons que la solution doit être absolument abandonnée à l'appréciation du tribunal. (3)

XII. — Il nous reste à examiner l'hypothèse d'une aliénation faite par la femme, en fraude des droits de son mari. Voici comment la question peut se présenter. La femme a obtenu l'autorisation d'expulser son

(1) V. Demolombe IV, n. 164, pages 540 et 541.
(2) V. Massol, p. 178, n. 24.
(3) V. Demolombe IV, p. 538, n. 163.

mari du domicile conjugal ou encore elle a quitté ce domicile en emportant certains effets de la communauté. Si elle a aliéné ces effets quel sera le sort de l'aliénation. Dalloz dans son répertoire général de jurisprudence estime que cette aliénation doit être déclarée nulle dans tous les cas, le tiers acquéreur ayant à s'imputer la faute d'avoir contracté avec une personne incapable sans s'enquérir de sa capacité (1).

Il faut cependant réserver l'application des art. 2279 et 2280 du code civil.

(1) V. Dalloz, J.-G. V° *Sép. de corps*, n. 167.

APPENDICE AU LIVRE II

§ 1er.

Art. 3 de la loi du 29 juillet 1884.

La reproduction des débats sur les instances en divorce ou en séparation de corps est interdite sous peine de l'amende de 100 *à* 2,000 *francs édictée par l'art.* 39 *de la loi du* 30 *juillet* 1881.

La nouvelle loi sur le divorce nous présente une innovation importante au point de vue de la *publication* des débats judiciaires. D'après l'art. 3 de la loi du 19 juillet 1884 « la reproduction des débats « sur les instances en divorce ou en séparation de « corps est interdite. »

Cet article n'édicte pas le huis-clos, il défend seulement la reproduction des débats par la voie de la presse. Notons, enfin, que la publication du jugement n'est pas interdite; ce qu'on ne peut reproduire sont les débats de l'affaire.

On ne saurait blâmer le sentiment qui a dicté au législateur cette interdiction. Il a pensé que la publication des détails des procès en divorce pourrait souvent être cause de scandales regrettables. Certes, le président du tribunal peut interdire la publication de ces débats, mais, on le sait, les présidents n'usent en pratique, de ce pouvoir qu'avec une parcimonie extrême. Par malheur la disposition de la nouvelle loi sans mettre un obstacle sérieux aux indiscrétions de la presse porte atteinte à ses droits en même temps qu'aux garanties qui sont dues aux justiciables.

L'article qui nous occupe édicte une peine. Or, d'après la jurisprudence de la cour de cassation, lorsqu'une peine n'est pas édictee par le code penal, mais bien par une loi spéciale, l'art. 463 c. pén. qui a trait aux circonstances atténuantes, n'est pas applicable aux pénalités édictées par cette loi si elle ne le dit pas expressément. Notre article édictant une peine sans renvoyer à l'art. 463 c. pén., nous en conclurons que ceux qui contreviendront à la loi ne pourront, sous aucun prétexte, voir reconnaître à leur profit l'existence des circonstances attenuantes.

§ 2e

Art. 4 de la loi du 29 juillet 1884.

(DISPOSITION TRANSITOIRE)

Les instances en séparation de corps pendantes au moment de la promulgation de la présente loi pourront être converties par les demandeurs en instances de divorce. Cette conversion pourra être demandée même en cour d'appel.

La procédure spéciale au divorce sera suivie à partir du dernier acte valable de la procédure en séparation de corps.

Pourront être convertis en jugements de divorce, comme il est dit à l'article 310, *tous jugements de séparation de corps devenus définitifs avant la dite promulgation.*

L'article 2 du code civil pose ce principe doctrinal : « la loi ne régit que l'avenir, elle n'a pas d'effet rétroactif ». — Sans doute, si la vie de la société était interrompue à un moment donné pour recommencer immédiatement après, le principe de la non-rétroactivité des lois ne présenterait aucune difficulté d'application. Mais les choses ne se passent pas ainsi. Des actes juridiques accomplis sous l'empire d'une loi ne produisent bien souvent leurs effets qu'après la promulgation de la loi nouvelle. De là, des difficultés pratiques.

Le législateur dans sa sage prévoyance n'a pu perdre de vue ces inconvénients pratiques, c'est pourquoi il nous présente une disposition transitoire, destinée pour ainsi dire à *liquider* les situations anciennes.

Avant la loi du 29 juillet 1884 les époux — même ceux qui auraient voulu divorcer — ne pouvaient demander ni obtenir que la séparation de corps : d'après notre disposition tra sitoire, ces personnes peuvent, si le jugement qui leur accorde la séparation de corps est déjà définitif, le transformer en jugement de divorce. Si, au contraire, ils sont encore en instance de séparation de corps, ils peuvent la faire transformer en instance de divorce.

Dans le premier cas ils devront suivre la procédure tracée par l'art. 310 c. civ. Nous y renvoyons pour de plus amples explications.

Dans le second cas, l'époux demandeur n'aura qu'à demander la conversion de la procédure de séparation de corps en procédure de divorce. Toutefois, comme pour le divorce il existe une procédure spéciale et différente de celle de la séparation de corps, « la pro-« cédure spéciale du divorce sera suivie à partir du « dernier acte valable de la procedure en séparation « de corps. »

« Cette conversion, ajoute la loi, pourra être « demandée même en Cour d'appel. »

On demandera la conversion par simples conclusions.

Mais pendant combien de temps après la promulgation de la nouvelle loi, cette conversion pourra-t-elle être demandée ? La loi ne dit rien sur ce point, nous devons en conclure que les parties auront ce droit tant qu'il restera à juger des affaires introduites avant la loi nouvelle.

LIVRE III

DES EFFETS DU DIVORCE

CHAPITRE I.

Notions préliminaires.

Le divorce est la dissolution du mariage. Son principal effet est donc de rompre tout lien entre les conjoints et de les replacer pour ainsi dire dans la condition où ils se trouvaient vis-à-vis l'un de l'autre avant leur union.

Nous constaterons donc d'abord les effets du divorce quant à la personne des époux. Mais, dans le mariage, à côté de la société des personnes (si nous pouvons ainsi parler) vient s'en placer une autre toute pécuniaire. Lorsque deux personnes se marient, elles unissent non seulement leur être physique, leur vie, leur existence, mais aussi leurs biens. L'avoir qu'elles apportent au début du mariage, ce qu'elles gagnent pendant toute la durée de leur vie commune, forme en quelque sorte le patrimoine de cette société conjugale, patrimoine qui doit servir à l'entretien du ménage et plus tard à l'établissement des enfants.

Le divorce va dissoudre aussi cette société pécuniaire, car rien ne doit plus être commun entre les anciens conjoints. Il faudra donc liquider cette société et donner à chacun ce qui lui revient.

Mais comme cette société conjugale a été favorisée par la loi, que certaines donations y sont permises alors qu'elles ne le sont nulle part ailleurs, la liquidation aura ses règles spéciales.

Enfin si l'union des deux époux n'a pas été stérile, nous nous trouverons en présence des enfants, qui eux aussi ont des droits qu'il importe de règler, droits éminemment respectables qui pendant longtemps ont fourni les principaux arguments à l'aide desquels on a combattu le rétablissement du divorce dans notre pays.

Effets du divorce quant aux conjoints eux-mêmes, quant aux enfants, quant aux biens, telles sont les questions que nous allons examiner.

CHAPITRE II.

Des effets du divorce quant aux époux.

Art. 295. — *Les époux divorcés ne pourront plus se réunir, si l'un ou l'autre a, postérieurement au divorce, contracté un nouveau mariage suivi d'un second divorce. Au cas de réunion des époux, une nouvelle célébration du mariage sera nécessaire.*

Les époux ne pourront adopter un régime matrimonial, autre que celui qui réglait originairement leur union.

Après la réunion des époux, il ne sera reçu de leur part aucune nouvelle demande de divorce, pour quelque cause que ce soit, autre que celle d'une condamnation à une peine afflictive et infamante prononcée contre l'un d'eux depuis leur réunion.

Art. 296. — *La femme divorcée ne pourra se remarier que dix mois après que le divorce sera devenu définitif.*

Art. 298. — *Dans le cas de divorce admis en justice pour cause d'adultère, l'époux coupable ne pourra jamais se marier avec son complice.*

SOMMAIRE :

I. — Observations générales.
II. — Les époux divorcés ne pouvaient se réunir.
III. — Innovation de la nouvelle loi.
IV. — Cas particulier d'une condamnation.
V. — Dernier paragraphe de l'art. 295.
VI. — L'époux contre lequel le divorce a été prononcé pour cause d'adultère ne peut se marier avec son complice.
VII. — L'adultère conserve son caractère délictueux.
VIII. — L'empêchement au mariage, résultant de l'art. 298 est simplement prohibitif.
IX. — On doit combiner les art. 298 et 310.
X. — La complicité en matière d'adultère se prouve par tous les moyens.
XI. — Qui peut former opposition au mariage ?
XII. — La femme ne peut se remarier que dix mois après la prononciation du divorce.
XIII. — L'empêchement au mariage est prohibitif.
XIV. — La femme divorcée peut continuer à porter le nom de son mari.

I. — Comme nous l'avons déjà dit, le divorce une fois prononcé, le mariage n'existe plus. Tous les droits et devoirs qui étaient nés du mariage, sont éteints. La puissance maritale est anéantie, la femme redevient capable comme si elle était fille majeure. Les devoirs de fidélité, secours et assistance, (1) disparaissent ; chaque époux peut se remarier ; (2) le droit de succéder qui existait au profit de l'un et l'autre époux, est éteint (art. 767 c. civ.). Chacun d'eux pouvait, durant le mariage, dans les cas pré-

(1) *V.* Toutefois art. 301, c. civ.
(2) *V.* Toutefois art. 296, c. civ.

vus par la loi, demander l'interdiction de son conjoint, (art. 490 c. civ.) ce droit cesse en même temps que le mariage. En supposant que la demande en interdiction ait été formée et l'instance engagée, si le divorce est prononcé dans l'intervalle, l'époux demandeur n'a plus qualité pour continuer l'instance.

Mais le mariage a existé et il a produit des effets, dont quelques-uns sont ineffaçables, car le mariage dissous par le divorce, n'est pas un mariage nul. Il existe jusqu'au moment de la prononciation du divorce. Il a d'abord créé la parenté et l'alliance et engendré ainsi un empêchement au mariage. Pour ce qui est de la parenté, pas de difficulté, la dissolution du mariage ne peut modifier en rien les liens du sang. Mais *quid* de l'alliance ou plutôt des empêchements résultant de l'alliance? Ils subsisteront eux aussi, et c'est en vain qu'on dirait qu'il n'y a plus d'alliance, puisque le mariage est dissous. Cet empêchement ne peut en effet exister qu'après la dissolution d'une première union, car salon la remarque un peu puérile mais judicieuse de Justinien, nul ne peut épouser son beau-frère ou sa belle sœur, avant la dissolution du premier mariage, puisqu'il n'est pas permis à la même femme d'avoir deux maris ou au même mari d'avoir deux femmes. (1)

De même, si des enfants sont nés de ce mariage, ces enfants sont légitimes et restent tels malgré le

(1) Laurent III, n. 287, p. 230 et 231. — Institutes de Justinien, liv. I, tit. X *de nuptiis*, § 6 : *nam si adhuc nupta es alia ratione uxorem eam ducere non possis, quia eadem duobus nupta esse non potest.*

divorce. Ils conservent par conséquent tous leurs droits d'enfants légitimes, droits de succession, donc droits à la réserve, droits aux aliments, etc., en même temps qu'ils restent soumis aux devoirs que cette qualité leur imposait : ainsi ils restent soumis à la puissance paternelle, leurs biens restent grevés de l'usufruit légal que la loi accorde au père et à la mère. (1)

II. — Les effets du divorce relatifs aux époux, sont de deux sortes : les uns s'appliquent aux deux époux, au mari comme à la femme, d'autres ne s'appliquent qu'à la femme seule.

Les effets du divorce commun aux deux époux, ont trait à la faculté de se remarier.

Nous trouvons dans le nouvel art. 295, une innovation au code civil : lorsque deux époux divorcés se sont remariés, (tous deux ou seulement un d'entr'eux) et que ce nouveau mariage a été, lui aussi, dissous par le divorce, les deux époux ne peuvent se remarier entr'eux.

L'ancien art. 295 défendait dans tous les cas aux époux divorcés de s'unir par les liens d'un nouveau mariage.

L'innovation a des origines bien anciennes. Déjà dans les travaux préparatiores du code on avait vu s'affirmer le système qui vient de triompher dans la loi nouvelle.

Il fut proposé dans la discussion qui eut lieu au Conseil d'Etat de permettre aux époux divorcés de

(1) Sauf, pour tout cela, les modifications sur lesquelles nous insisterons plus loin.

se remarier, mais les partisans de l'opinion contraire triomphèrent. Cette défense de se remarier, les auteurs du code l'ont trouvée dans l'esprit des lois de Montesquieu, qui lui-même l'avait empruntée aux lois du Mexique.

« La loi des Maldives, dit Montesquieu, permet de « reprendre une femme qu'on a répudiée. La loi du « Mexique défendait de se réunir, sous peine de la « vie. La loi du Mexique était plus sensée que celle « des Maldives, dans le temps même de la dissolution « elle songeait à l'éternité du mariage ; au lieu que « la loi des Maldives semble se jouer également du « mariage et de la répudiation. » (1)

Ce sont les mêmes raisons qui ont inspiré Treillard ; il les développe dans son exposé des motifs de la manière suivante :

« Le divorce ne doit être prononcé que sur la preuve « d'une nécessité absolue, et lorsqu'il est bien dé- « montré à la justice que l'union entre les deux époux « est impossible ; cette impossibilité une fois cons- « tante, la réunion ne pourrait être qu'une occasion « nouvelle de scandale. Il importe que les époux « soient d'avance pénétrés de toute les gravités de « l'action qu'ils vont intenter, qu'ils n'ignorent pas « que le lien sera rompu sans retour, et qu'ils ne « puissent pas regarder l'usage du divorce comme « une simple occasion de se soumettre à des épreuves « passagères, pour reprendre ensuite la vie com- « mune, quand ils se croiraient suffisamment cor- « rigés. » (2)

(1) *V.* Montesquieu, ***Esprit des lois***, liv. XVI, Chap, 15.
(2) *V.* Locré, t. II, p. 572. Exposé des motifs, n. 33.

On le voit, les motifs par lesquels les auteurs du Code ont refusé aux époux divorcés de se réunir étaient multiples. D'abord le respect de l'indissolubilité du mariage soutenu de l'autorité de Montesquieu, ensuite la crainte de scandales réitérés, cette dernière considération surtout, durent exercer une influence déterminante. On était alors sous l'empire de la loi de 1792, qui rendait le divorce extrêmement facile : « les époux sont allés de divorces en réu- « nions nouvelles, se quittant et se reprenant dans « des conditions extrêmement regrettables. » Les auteurs du Code, pour mettre fin à de tels abus, avaient édicté la prohibition que nous trouvons dans l'ancien texte de l'art. 295, défense critiquée d'ailleurs par les jurisconsultes modernes. (1)

III. — Ces raisons n'ont pas convaincu le législateur de 1884. Dans la discussion qui eut lieu le 7 juin 1884 au Sénat, M. Baragnon combattait les interdictions portées par le code civil en s'appuyant sur les considérations suivantes.

« Tout le monde reconnaît que le divorce est une « extrémité très regrettable ; qu'il est très fâcheux « pour les enfants, que c'est un très grand mal, mais « un mal nécessaire pour en éviter un plus grand. Eh « bien ! si les époux divorcés se réconcilient, si, se « rappelant d'anciens souvenirs, si, ramenés par « leurs enfants, qui ont grandi et ont conquis sur eux « plus d'influence, ils veulent se réconcilier, repren- « dre leur ancienne existence, où est le mal ? »

(1) V. Laurent III, p. 332 et 388.

Toutefois, la défense aux époux de se remarier n'a pas été levée d'une manière absolue.

Si les époux veulent se réunir ils doivent, en principe, ne pas avoir contracté d'autre union, et, s'ils l'ont fait, il faut que cette seconde union n'ait pas été dissoute par un divorce. Le législateur n'a pas voulu que les époux puissent ainsi se jouer des lois, et enlever au mariage et au divorce tout le caractère sérieux qui leur est essentiel.

Au cas où les deux époux se sont remariés, le mariage devient pour eux indissoluble. « Aucune nou-« velle demande en divorce n'est plus recevable pour « quelque cause que ce soit, » nous dit le nouvel article 295. Cette disposition se comprend assez et les explications qui précèdent les justifient suffisamment.

IV. — Mais cette interdiction ne pouvait être absolue sans donner lieu à des conséquences absolument iniques. Si l'épouse qui a obtenu le divorce, cédant à un mouvement de générosité, peut-être surtout à l'intérêt pressant de ses enfants, se décide à se réconcilier et à se réunir à son conjoint, elle ne préprevoira sans doute pas certains événements extraordinaires, tels que l'accomplissement d'un crime et la condamnation à une peine afflictive et infamante ; elle se décide bien à oublier ses griefs à faire les plus grandes concessions pour rendre la vie commune tolérable, mais elle ne va pas jusqu'à se résigner à partager la honte et la flétrissure qui résulteraient pour son conjoint d'une telle condamnation. Aussi le législateur a-t-il, pour ce cas particulier, fait une exception au caractère indissoluble qu'il a donné à l'union nouvelle des époux divorcés et admis l'action en divorce.

V. — L'article 295 ajoute enfin que : « Au cas de réu-« nion des époux, une nouvelle célébration du mariage « sera nécessaire. »

VI. — Une seconde défense, commune aux deux époux, est ainsi formulée par l'article 298 :

« Dans le cas de divorce admis en justice pour « cause d'adultère, l'époux coupable ne pourra ja-« mais se marier avec son complice. »

L'ancien article 298 ajoutait :

« La femme adultère sera condamnée par le même « jugement, et sur la réquisition du ministère public, « à la réclusion dans une maison de correction, pour « un temps determiné, qui ne pourra être moindre « de trois mois ni excéder deux années. »

Cette partie de l'article a été abrogée par le législateur. Cette disposition était inique, ainsi que l'a fort bien fait remarquer M. Demôle dans la discution qui eut lieu à ce propos au Sénat dans la séance du 23 juin 1884.

« Il me semble, quant à moi, dit M. Demôle, que « la moralité publique exigerait, de ce chef, que « l'égalité fût rétablie entre les époux, et, que si la « femme est passible d'une peine plus grave, celle de « l'emprisonnement, la peine plus légère contre le « mari pût au moins lui être appliquée. Il n'en est « rien. L'article 298 ne permet aux Tribunaux civils « d'appliquer la peine qu'à l'encontre de la femme. « Je ne demande pas qu'elle soit appliquée contre le « mari ; je dis qu'il ne faut en faire l'application ni « contre le mari, ni contre la femme. Ce n'est pas « seulement la liberté de la défense de la femme qui « est outrageusement violée, c'est le principe que

« vous avez consacré par votre vote : le principe de « justice et d'égalité entre les époux. »

Il ne reste donc actuellement que l'empêchement au mariage entre l'époux contre lequel le divorce est prononcé pour cause d'adultère, et son complice, empêchement donnant satisfaction à la morale sociale et conforme aux exigences de l'ordre public.

VII. — Est-ce à dire que la conservation de la première partie et la suppression de la seconde partie de l'article 298 enlève tout caractère délictueux à l'adultère ? Nullement. L'adultère est un délit. les articles 336 et suivants du Code pénal le déclarent et ce n'est pas à ces articles qu'à voulu toucher le législateur en 1884. Ce qui a été supprimé c'est le devoir du Tribunal civil de prononcer une peine, de statuer correctionnellement, c'est la transformation de la juridiction civile en juridiction repressive. Les époux pourront toujours mettre en mouvement l'action publique, mais pour cela, il faut qu'ils s'adressent à la juridiction criminelle, seule, dorénavant, compétente en cette matière.

VIII. — Quelle est la nature de l'empêchement au mariage résultant de l'article 298 ? Nous estimons que cet empêchement, comme tous ceux qui naissent du divorce (1), ne peut être que prohibitif. C'est que la nullité du mariage n'est édictée nulle part et on ne peut pas suppléer à la loi en supposant une sanction aussi sévère. Le mariage contracté dans ces condi-

(1) *V.* Laurent III, n. 290. Voyez aussi arrêt de la cour de Bruxelles, 14 mars 1865. *Pasicrisie*, 1865,2.103.

tions vaudra donc, on peut le dire, contrairement à toute morale publique (1). Il semble dès lors qu'il soit assez facile d'éluder la loi, car à moins que la condamnation pour adultère n'ait été de notoriété publique la bonne oi de l'officier public pourra être facilement trompée.

IX. — Il peut arriver que le divorce soit prononcé après une séparation de corps qui aura duré trois ans et que cette séparation ait eu pour cause l'adultère de l'un des époux. *Stricto jure* la cause du divorce n'est pas l'adultère mais bien la séparation de corps prolongée pendant plus de trois ans. Faut-il dire dans cette hypothèse que l'époux contre lequel la séparation de corps a été prononcée pour cause d'adultère, mais qui a obtenu ensuite le divorce, peut se marier avec son complice! Nous croyons qu'il ne peut pas se marier.

Certes, c'est une déchéance de plus que nous infligeons à l'époux coupable, mais nous ne tombons pas sous l'objection *pœnalia non sunt extenda*, car nous ne raisonnons pas par analogie.

L'hypothèse que nous envisageons est justement celle prévue par l'art. 298: c'est un divorce prononcé contre l'époux originairement défendeur pour cause d'adultère et contre lequel la séparation de corps a été prononcée précisément pour cette cause; or, les causes qui ont motivé la séparation de corps, convertie

(1) V. Trib. d'Anvers, 29 avril 1864, *Belgique judiciaire*, 1864, p. 556; Bruxelles, 14 mars 1865, *Pasicrisie*, 65, II, 103 (*Belgique judiciaire*, 1865, p. 465); Trib. Bruxelles, 15 juin 1864, *Belgique judiciaire*, 1865, p. 1249.

en divorce, ne sont-elles pas en réalité les causes mêmes du divorce.

X. — Le complice de l'époux coupable ne sera pas toujours connu, comment pourra-t-on savoir alors qui est ce complice pour pouvoir empêcher le mariage; en d'autres termes, quelles preuves seront admises.

Toutes les preuves seront bonnes, toutes seront admissibles.

Il y a cependant une raison de douter, elle se trouve dans l'article 338, deuxième alinéa du code pénal, ainsi conçu :

« Les seules preuves qui pourront être admises contre le prévenu de complicité (la loi parle ici du complice de la femme) seront outre le flagrant délit, « celles résultant de lettres ou autres pièces écrites « par le prévenu. »

On pourrait dire, en s'appuyant sur cet article qu'au moins dans cette hypothèse, c'est-à-dire au cas d'adultère de la femme, on ne pourra pas prouver quel est le complice de la femme autrement que par les preuves admises par l'art. 338, 2° C. pén.

Nous repoussons cette interprétation de la loi : L'art. 338 n'a pas trait à notre matière. Ce que vise cet article, c'est la preuve de la culpabilité au point de vue pénal seul.

Tel a été aussi l'avis de la Cour de Bruxelles qui a déclaré qu'un arrêt qui prononce un divorce pour « adultère de la femme et qui désigne le complice, « mais dans ses motifs seulement, peut servir de « base à l'effet d'admettre l'opposition d'un officier

« de l'état civil à un mariage, qu'on voulait con-
« tracter au mépris de l'art. 298 c. civ, » (1)

XI. — Nous venons de parler de la preuve de la complicité. Mais à qui incombera cette preuve? A la personne qui voudra empêcher le mariage, et qui aura formé opposition à sa célébration. Sur la question de savoir à qui appartient le droit de faire opposition, nous renvoyons, purement et simplement au droit commun, contenu dans les articles 172 et suivants du code civil. On trouvera donc comme personnes qui ont qualité pour former opposition au mariage, les père et mère, ou en général, les ascendants, certains collatéraux, etc., etc. (2).

En ce qui concerne les droits du ministère public, la question est difficile à résoudre à cause de l'incertitude qui règne sur l'étendue de son action en matière civile. Nous savons déjà que la question est vivement débattue, nous renvoyons donc à ce que nous en avons dit à propos des nullités (3)

XII. — Nous arrivons maintenant aux effets du divorce quant à la femme seule.

Ces effets consistent en une restriction du droit de la femme de se remarier. Il est contenu dans l'article 296 du code civil.

La femme divorcée ne peut se remarier dans les dix mois après que le divorce sera devenu definitif.

C'est la reproduction de la defense edictée par l'art. 228 c. civ. en cas de viduité de la femme.

(1) *V.* Bruxelles, 19 juin 1861, *Pasicrisie,* 1862, II, p. 259.
(2) *V.* Pour plus de détails, Aubry et Rau V, § 454.
(3) *V.* Aubry et Rau V, § 454, note 27.

La loi exige dix mois, et veut dire dix mois révolus (arg. d'anal, art. 228), c'est-à-dire, que la femme ne pourra se remarier qu'après le commencement du onzième mois « à partir du jour où le divorce sera « devenu définitif » — Nous dirons : depuis que le divorce aura été valablement prononcé par l'officier de l'état civil ; — cette formule nous semble plus claire.

XIII. — La loi défend à la femme de se remarier, et crée par conséquent un empêchement au mariage. Cet empêchement sera-t-il prohibitif ou dirimant, en d'autres termes, la femme qui se serait mariée malgré cette défense de la loi, pourra-t-elle voir par la suite ce mariage annulé pour cette cause ?

Nous estimons qu'il faut ici adopter la même solution que pour le cas de l'art. 228. La nullité n'est édictée nulle part, nous ne pouvons donc pas l'appliquer.

Le motif de cette défense est également le même que celui de l'art. 228 La loi a voulu empêcher la confusion de parts. Si la femme pouvait se marier avant cette époque, on ne saurait pas auquel des deux maris il faudrait attribuer l'enfant qui existerait dans les dix mois après la dissolution du mariage.

XIV. — La femme divorcée peut-elle continuer de porter le nom de son mari ? La nouvelle loi ne prévoit pas l'hypothèse, pas plus que le code de 1804. Zachariæ (1) croit que la femme peut conserver le

(1) Zachariæ (Massé et Vergé), I, p. 269.

nom, mais il faut qu'elle ajoute la qualification « divorcée ». M. Laurent, au contraire, lui refuse ce droit absolument (1).

La question s'est posée devant la Chambre des députés lors de la discussion de la loi sur ce divorce (2). Il fut proposé de défendre à la femme de continuer à porter le nom de son mari, mais cette proposition fut repoussée dans l'intérêt de la femme commerçante qui eut été obligée, après un divorce, de renoncer à l'usage d'un nom dont dépend peut-être l'existence de sa clientèle et la prospérité de son commerce.

On a toutefois fait remarquer que si la femme faisait un mauvais usage du nom de son mari, si elle le compromettait, par exemple, celui-ci pourrait lui faire défense de continuer à porter ce nom.

Nous estimons que c'est là une question qui doit être absolument abandonnée à l'appréciation des juges.

(1) Laurent III, n. 287, p. 329.
(2) Séances des 15 et 17 juin 1882.

CHAPITRE III

Des effets du divorce quant aux enfants.

L'union des deux conjoints peut n'avoir pas été stérile; nous nous trouvons alors, en présence des enfants issus de ce mariage. Quelle sera leur condition ?

La loi en organisant la famille, a créé entre les enfants et les père et mère, des droits et des devoirs réciproques ; ces droits vont-ils être modifiés par la prononciation du divorce ?

Pour plus de facilité dans notre exposé, nous traiterons d'abord des droits des père et mère, et ensuite des droits des enfants.

SECTION 1re. — Des Droits des Père et Mère.

ART. 302. — *Les enfants seront confiés à l'époux qui a obtenu le divorce, à moins que le tribunal sur la demande de la famille, ou du ministère public, n'ordonne, pour le plus grand avantage des enfants, que tous où quelques-uns d'eux seront confiés aux soins soit de l'autre époux, soit d'une tierce personne.*

ART. 303. — *Quelle que soit la personne à laquelle les enfants seront confiés, les père et mère conserserveront respectivement le droit de surveiller l'entretien et l'éducation de leurs enfants et seront tenus d'y contribuer à proportion de leurs facultés.*

ART. 386. — *Cette jouissance* (la jouissance légale des père et mère) *n'aura pas lieu au profit de celui des père et mère contre lequel le divorce aurait été prononcé ; et elle cessera à l'égard de la mère dans le cas d'un second mariage.*

SOMMAIRE :

I. — De la puissance paternelle en général.
II. — Du droit de garde.
III. — Du droit de correction.
IV. — Du droit d'éducation.
V. — Du droit d'émancipation.
VI. — De l'administration légale.
VII. — De la jouissance légale.
VIII. — Règles particulières à la mère.
IX. — Combinaison des deux droits : d'émancipation et de jouissance légale.
X. — Du droit de consentir au mariage et à l'adoption.
XI. — Question controversée.
XII. — Droits aux aliments et à la succession.

I. — Les droit accordés aux père et mère sur leurs enfants sont de deux sortes. Il y a d'abord des droits qui ne sont pas pécuniaires et qui se resument en la puissance paternelle ; il y a ensuite des droits pécuniers qui constituent les droits aux aliments et à la succession ; quant à la jouissance légale, incessible de sa nature, nous en faisons un attribut de la puissance paternelle.

La puissance paternelle est pendant le mariage accordée au père et à la mère (art. 171 c, civ.), mais comme la loi accorde au père la puissance maritale elle n'a été que conséquente en déclarant que c'est lui qui exercera seul la puissance paternelle durant le mariage (art. 372 c. civ.).

La puissance paternelle comprend dans son ensemble les droits de garde, de correction, d'éducation, d'émancipation, d'administration des biens des enfants mineurs, de jouissance légale, auxquels il faut ajouter le droit de consentir au mariage de leurs enfants, et celui de consentir à leur adoption. Tous ces droits vont se trouver modifiés par suite de la prononciation du divorce.

Le code civil ne contient que quelques dispositions relatives à la puissance paternelle, il laisse donc forcément sans solution une foule de questions qui se posent à ce propos. Nous pouvons dire toutefoi que l'esprit de la loi est en faveur de l'époux qui a obtenu le divorce, les auteurs du code sont partis de cette idée, presque toujours vraie, qu'un mauvais époux ne peut pas être bon père ; cependant le « plus grand intérêt des enfants » est toujours mis en avant.

II. — L'article 302 nous dit : « Les enfants seront « confiés à l'époux qui a obtenu le divorce. » Il pose ainsi le principe général en notre matière. Nous ferons remarquer que l'art. 302 est conçu en termes impératifs ; nous en tirons cette conséquence, que si un jugement prononce le divorce sans rien dire relativement au droit de garde, les enfants seront nécessairement confiés à l'époux qui a obtenu le divorce (1).

Mais le contraire peut arriver. Il peut se faire que l'époux demandeur ne présente pas toutes les garanties de moralité nécessaires pour mériter que les enfants lui soient confiés, la loi autorise la famille alors et même le ministère public à demander au tribunal de prendre une autre mesure.

Ce droit de déroger au principe posé par l'art. 302 n'appartient donc au tribunal que lorsqu'il en est fait demande expresse, et il faut en conclure qu'il ne pourrait pas ordonner cette mesure d'office (2).

Mais l'époux défendeur a-t-il le droit de provoquer cette mesure ? L'affirmative n'est pas douteuse, et les auteurs et la jurisprudence sont d'accord pour reconnaître que ce droit doit lui appartenir (3).

La loi accorde ce droit à la famille; elle veut dire le conseil de famille, seul représentant des intérêts généraux de la famille. La demande sera faite, après une délibération de ce conseil, par un de ses membres qui a spécialement reçu mandat à cet effet, un membre quelconque de la famille ne serait pas écouté (4).

(1) *V.* Laurent III, n. 293; Bruxelles, 10 mai 1859, *Pasicrisie*, 1860. II, 411.

(2) *V.* Montpellier, 4 février 1835, cité dans Zachariæ (Massé et Vergé), p. 272, note 15.; Laurent III, n. 293 (in fine), p. 338.

(3) *V.* Aubry et Rau V, p. 203, § 494, texte et note 14; Req., rej., 9 juin 1857, Sir., 57.1.590; 30 mars 1859, Sir., 59.1.661; Req., rej., 29 juin 1868, Sir.,68.1.401. *Sic.* Demolombe IV, n. 311.

(4). *V.* Rouen 21 fructidor an XII. Sir. *coll. nouv.* 1. 2. 223; Paris 5 juillet 1853. Sir. 53. 2. 454; Req. rej. 9 juin 1857. Sir. 57. 1. 590; Req. rej. 22 janvier 1867. Sir. 67. 1. 212. — Sic Aubry et Rau. *V.* §. 494. p. 202. Cour de Bruxelles. 26 janvier 1882. Pasic. 1882. 2. 205.

Au reste, quelles que soient les décisions du tribunal à ce sujet, il peut toujours les modifier si on le lui demande, et qu'il estime la nouvelle mesure utile aux enfants (1).

Cette demande peut être faite en tout état de cause par les personnes qui ont qualité à cet effet. Et il faut aller même plus loin. Les juges peuvent non seulement rapporter leur première décision, mais ils peuvent décider que la mesure qu'ils prennent n'est que provisoire (2).

Lorsqu'un tribunal a confié la garde des enfants à une personne qui n'est pas digne de confiance, si on veut demander au tribunal de les confier à une autre personne, c'est le tribunal qui a prononcé le divorce qui devra être saisi de la demande ; c'est lui qui connaît le mieux les circonstances de la cause, c'est lui qui pourra le mieux apprécier les faits (3).

Le tribunal est libre dans le choix de la personne à laquelle il veut confier la garde des enfants, il peut choisir l'époux défendeur ou même une tierce personne (4). Ce n'est pas à dire que dans cette hypothèse, l'époux privé de la garde des enfants, soit libéré de tout devoir envers eux ; il doit toujours veiller à leur entretien et à leur éducation, et y contribuer dans la mesure de ses facultés. Il ne peut pas, du reste, se

(1). *V.* Bruxelles 9 mars 1874, *Pasicrisie* 1874. II. 200 ; Bruxelles 11 juillet 1881. *Pasicrisie* 1881 II. 307.

(2). *V.* Req. rej. 18 mars 1868. Sir. 68. 1. 209. — Aubry et Rau. *V.* § 494. p. 202.

(3). *V.* Bruxelles 12 août 1880. *Pasicrisie* 1881. 2. 240.

(4). Comp. Bruxelles 6 février 1879. *Pasicrisie* 1879. III. 358.

soustraire à cette obligation en offrant de prendre l'enfant chez lui et de s'en charger (1).

III. — Que décider du droit de correction ? La question ne présente pas de sérieuse difficulté, au cas où l'enfant a été confié au père ou à la mère : c'est à celui à qui on a attribué la garde de l'enfant qu'appartiendra le droit de correction, sans distinguer si le divorce a été prononcé en sa faveur ou contre lui. Mais en supposant que la garde de l'enfant ait été confiée à un tiers, on ne sait plus à qui attribuer le droit de correction. Ce ne sera évidemment pas au tiers, car le droit de correction est un attribut de la puissance paternelle et essentiellement attaché à la personne du père et de la mère. Nous n'osons pas déclarer l'époux défendeur déchu de ce droit, parce qu'aucun texte ne nous autorise à le faire : toutes les fois que la loi a édicté une déchéance contre l'époux défendeur, elle a pris soin de s'expliquer (art. 299, 302, 386, C. civ.). Il faut dire, en conséquence, que le droit de correction appartiendra également au père et à la mère (2).

IV. — Les droits d'éducation et d'entretien sont un

(1). V. Trib. Bruxelles, 25 juillet 1879. *Pasicrisie* 1878 III. 254.

La question du droit de garde des enfants est une conséquence de la demande en divorce ; la demande faite à ce sujet au cours d'un appel, ne peut-être considérée comme une demande nouvelle. Cour de Bruxelles 9 mars 1874. Pas. 1874. 2. 200.

(2). *V.* Laurent III. 4. 204. p. 340 et 341 ; *V.* toutefois Trèves 20 janvier 1812. Sir. Cod. ann. sous l'art. 386 n. 6 ; Duranton III. n. 393.

autre attribut de la puisance paternelle, nous croyons même que ce sont plutôt des devoirs (art. 203, C. civ.) Ils restent intactes et l'art. 303, C. civ. le dit formellement : « Les père et mère conservent « respectivement le droit de surveiller l'entretien « et l'éducation de leurs enfants «.

V. — *Quid* du droit d'émancipation ? L'art. 477 du code civil l'attribue « au père et à défaut de père à la mère ». Mais c'est évidemment là encore une disposition inspirée par l'idée que c'est le père qui exerce les puissances maritale et paternelle, elle suppose donc que le mariage subsiste.

Nous dirons que le droit d'émancipation appartiendra au père et à la mère sans distinguer si c'est l'un deux qui est chargé de la garde de l'enfant, ou si c'est à un tiers que les enfants ont été confiés. Nous ne pouvons pas sans un texte formel les en déclarer déchus. Notre décision diffère de celle que nous avons donnée à propos du droit de correction, parce que ce dernier droit est un accessoire du droit de garde et il n'en est pas de même du droit d'émancipation.

VI. — Pour ce qui est du droit d'administration légale nous rencontrons moins de difficultés. L'article 389 c. civ., dit que : « Le père, est durant le « mariage, administrateur des biens personnels de « ses enfants » et tout le monde reconnaît que ce droit cesse avec le mariage (1). Il en résulte que si le père divorce et que le divorce ait été prononcé en

(1). V. Aubry et Rau. I, §. 87. p. 366.

sa faveur ou contre lui, il perdra toujours et nécessairement le droit à l'administration légale des biens de ses enfants mineurs. Le droit s'est éteint avec le mariage.

Il s'ensuit que nous ne l'attribuerons pas à la mère et encore moins au tiers chargé de la garde de l'enfant. La personne à laquelle les enfants auront été confiés administreront les biens des enfants, mais non pas en vertu d'un droit d'administration légale.

VII. — Pour le droit de jouissance légale, nous avons un texte, c'est l'article 386 du code civil. Nous retrouvons ici cette préférence de la loi pour l'époux en faveur duquel le divorce a été prononcé et que nous déjà signalée. La loi décide, en effet, que « cette jouissance légale cessera à l'égard de celui des « époux contre lequel le divorce aurait été pro- « noncé. »

Cette déchéance est une conséquence du jugement qui prononce le divorce, par conséquent l'époux qui auraitobtenu la garde des enfants, quoique le divorce eût été prononcé contre lui, n'aura pas le droit à la jouissance légale.

Mais que décider au cas où le divorce est prononcé contre les deux époux ? Nous estimons que dans ces conditions l'usufruit légal est éteint.

VIII. — En supposant que c'est la femme qui a obtenu le divorce, c'est à elle que le droit de jouissance légale appartiendra. Mais l'aura-t-elle immédiatement après la prononciation du divorce ou seulement après la mort du père ? Il a été soutenu que le mère n'aura droit à l'usufruit légal qu'après la mort du père, par la raison que l'art. 384 c. civ. dit : « ... après la dissolution du mariage, le survivant des père et mère... » aura la jouissance légale (1).

Nous repoussons sans hésiter cette interprétation judaïque de l'art. 384. Cet article ne vise que l'hypothèse ou le mariage est dissous par la mort de l'un des époux ; notre matière est réglée par l'art. 386 qui ne fait aucune distinction, et là, où la loi ne distingue pas, nous ne pouvons distinguer. (2).

L'article 386 C. civ. refuse le droit de jouisssance légale à la mère qui aura convolé en secondes noces. Le législateur voit d'un mauvais œil les femmes qui se remarient après la dissolution d'un premier mariage. (3). On pourrait encore expliquer cette disposition par cette considération que la femme mariée entre tout à fait dans la famille de son mari et devient par là, étrangère à son ancienne famille, et comme dans ces conditions, ce ne sera plus elle qui s'occupera de l'éducation des enfants, mais bien son second mari, il est juste qu'elle perde l'usufruit sur les biens de ces enfants; la loi ne pouvant pas l'attribuer au second mari de la femme, l'a déclaré éteint.

Au reste, la circonstance que le second mariage serait postérieurement dissout ne ferait pas revivre

(1). *V.* Locré, sur l'art. 386 ; Delvincourt, sur l'art. 386 ; Toullier II. n. 1064 ; Duranton III. n° 380, Proudhon, de *l'usufruit* I p. 141 ; Favard, v° *puiss. pat.* sect. 2. § 3. n° 9.

(2) *V.* Zacharie, (Massé et Vergé), I, p. 272.

(3) Comp. articles 206, 1° et 396 et s. du code civil.

le droit de jouissance légale (1). Il en serait cependant autrement si ce mariage avait été annulé (2), car dans ce cas, le mariage n'a jamais existé.

IX.—Nous avons admis plus haut que le droit d'émancipation appartient même après la dissolution du mariage par le divorce, au père et à la mère. Or, d'après l'article 384 C. civ. le droit de jouissance légale cesse par l'émancipation de l'enfant mineur. N'y aurait-il pas, dans ces conditions à craindre, que l'époux privé par la prononciation du divorce du droit de jouissance légale, n'émancipât l'enfant pour nuire aux droits de son ancien conjoint ? Devra-t-on, dans ces conditions enlever le droit d'émancipation à l'époux qui veut en faire un si mauvais usage ?

La question est très délicate.

Nous estimons que pour le respect des principes l'émancipation doit être maintenue. En vertu de quel texte l'annulerait-on ? Si toutefois le parent émancipateur avait agi méchamment, dans l'intention de nuire, le parent lésé aura un recours contre lui.

(1) V. Proudhon, I, n. 144 ; Vazeille, II, n. 470 ; Delvincourt, I, p. 248 ; Duranton, III, n. 386 ; Chardon, n. 161 ; Demolombe, IV, n. 562 ; Aubry et Rau, V. § 550 *bis*, note 32 ; Massé et Vergé, I, § 189, note 19, p. 374.

Contrà, Taulier, I, p. 496 ; Laurent IV, n. 338.

(2) V. Duranton III, n. 387 ; Vazeille II, n. 770 ; Chardon, n. 160.

Contrà. — Proudhon, I, n. 144 ; Marcadé, sur l'art. 386, VI ; Demolombe, VI, n. 563 et 564, Demante, I, n. 131 *bis*, 5 ; Aubry et Rau, § 550 *bis*, note 33 ; Massé et Vergé, I, § 189, note 19 ; Laurent, IV, n. 338.

X. — Les père et mère ont le droit de consentir au mariage de leurs enfants. et l'art. 148. C. civ. nous dit que : « En cas de dissentiment, le consentement « du père suffit. »

Il est évident que la décision n'est pas la même au cas où un divorce a dissous le mariage des père et mère. L'art. 148, en effet, supposele mariage existant, suppose l'existence de la puis-sance maritale ; or, dans l'hypothèse d'un divorce, toute prédominance dumari cesse, la femme a un droit égal à celui de l'homme. Nous nous voyons donc dans la nécessité d'admettre que l'enfant aura besoin du consentement de son père et du consentement de sa mère.

Nous donnerons, du reste, la même décision en ce qui concerne le droit de consentir à l'adoption de l'enfant mineur. L'art. 346 C. civ. est formel sur ce point.

XI. — Après ce que nous venons de dire sur les attributs de la jouissance paternelle, nous pouvons prendre parti dans une controverse qui s'est élevée en doctrine sur le point de savoir si l'époux contre lequel le divorce est prononcé est déchu de la puissance paternelle. Zachariæ (1) admet l'affirmative en déclarant que l'époux contre lequel le divorce est prononcé « est considéré comme mort. »

Nous repoussons, avec M. Laurent (2), cette comparaison. Il est inexact de dire que cet époux est considéré comme mort, l'article 303 le prouve au besoin, en lui imposant le devoir d'entretien et d'éducation. Nous

(1) V. Zachariæ, (Massé et Vergé), I, p. 189.
(2) V. Laurent, III, n. 294.

maintenons la théorie que nous avons admise jusqu'ici, à savoir, qu'il faut déclarer l'époux contre lequel le divorce a été prononcé, déchu des attributs de la puissance paternelle sur lesquels la loi s'est expliquée formellement.

XII. — Il ne nous reste maintenant à parler que des droits pécuniaires. Nous l'avons déjà dit, ce sont les droits à la pension alimentaire et à la succession.

Le droit à la pension alimentaire (art. 205, C. civ.) subsiste malgré la dissolution du mariage ; aucun texte ne la déclare éteinte.

Nous en disons autant du droit à la succession (art. 746 et suivants du Code civil) ; ce droit subsiste avec tous ses accessoires : droit à la réserve (art. 915, C. civ.) partant droit de réduire les donations et legs au delà de la quotité disponible, etc., etc.

SECTION II. — Des droits des enfants.

Art. 304. — *La dissolution du mariage par le divorce, admis en justice, ne privera les enfants nés de ce mariage, d'aucun des avantages qui leur étaient assurés par les lois ou par les conventions matrimoniales de leurs père et mère : mais il n'y aura d'ouverture aux droits des enfants que de la même manière et dans les mêmes circonstances où ils seraient ouverts, s'il n'y avait pas eu de divorce.*

Nous pourrions, pour conserver l'uniformité dans notre exposé, diviser les droits des enfants — comme

comme nous l'avons fait pour les droits des père et mère — en droits inappréciables en argent et en droits pécuniaires. La première catégorie contiendrait les droits d'éducation, d'entretien, etc., mais nous nous sommes déjà expliqués sur ce point.

Il ne nous reste, par conséquent, que les droits pécuniaires des enfants : droit aux aliments et droit à la succession.

Les droits des enfants ne sont en aucune façon altérés par la dissolution du mariage.

Les enfants conserveront donc leur droit aux aliments (art. 205 et 207 du Code civil combinés), leur droit à la succession (art. 745, C. civ.) avec tous ses accessoires : droit à la réserve (art. 913, C. civ.), donc droit de faire réduire les donations et legs au delà de la quotité disponible, droit de concourir sur les biens de leur père ou mère, avec les enfants du second mariage, et, par conséquent, droit d'obliger ces derniers au rapport, etc., etc.

L'art. 304 envisage une hypothèse particulière, celle où des avantages ont été stipulés en faveur des enfants nés du mariage dissous par le divorce; il déclare que ces avantages ne seront pas perdus pour eux et qu'ils y auront droit, comme si le divorce n'avait pas eu lieu, — disposition inutile, puisqu'elle découlait des principes.

SECTION III. — De l'action en désaveu.

ART. 312. — *En cas de jugement ou même de demande soit en divorce, soit en séparation de corps, le mari pourra désavouer l'enfant qui sera né trois cents jours après la décision qui aura autorisé la femme à avoir un domicile séparé, et moins de cent quatre-vingts jours depuis le rejet définitif de la demande, ou depuis la réconciliation. L'action en désaveu ne sera pas admise s'il y a eu réunion de fait entre les époux.*

« L'enfant né pendant le mariage a pour père le mari, » telle est la présomption établie par l'article 312 du code civil : *Pater is est quem nuptiæ demonstrant.*

Cette présomption légale n'est pas de celles qui n'admettent pas la preuve contraire, le mari pourra donc être admis à prouver que l'enfant né de sa femme pendant le mariage n'est pas issu de ses œuvres, il exerce alors l'action en désaveu de paternité.

Le code civil de 1804 n'accordait cette action que dans deux cas : lorsqu'il y avait eu impossibilité de cohabitation et en second lieu, lorsque la femme s'étant rendue coupable d'adultère, il y avait encore cette circonstance que la grossesse de la femme et la naissance de l'enfant avaient été cachées au mari.

La loi du 6 décembre 1850 avait ajouté un troisième cas où l'action de désaveu de paternité était admise, c'était celui où l'enfant était né plus de trois cents jours après que le président du tribunal avait accordé à la femme le droit d'avoir un domicile séparé (art. 878 c. pr. civ.) et moins de cent quatre-vingts jours depuis le rejet définitif de la demande en séparation de corps ou depuis la réconciliation. Cette disposition fut ajoutée comme un deuxième alinéa à l'art. 312 c. civ. (1).

(1) Certaines éditions du code la portent comme une addition à l'article 313, C. civ.

C'est ce cas particulier de l'action en désaveu que la nouvelle loi sur le divorce applique à notre matière.

Des textes en vigueur il résulte que le mari n'a qu'à faire un simple rapprochement de date, pour prouver que l'enfant est né plus de trois cents jours après la décision qui aura autorisé la femme à avoir un domicile séparé, (art. 268 c. civ.) et moins de cent quatre-vingts jours depuis le rejet définitif de la demande ou depuis la réconciliation. Cette preuve faite, le droit du mari est établi.

La femme pourra à son tour prouver qu'il y a eu réunion ; en fait l'article 312 *in fine* dit : L'action ne sera pas admise s'il y a eu réunion entre les « époux. »

CHAPITRE IV.

Des effets du divorce quant aux biens.

SOMMAIRE :

ART. 299. — *L'époux contre lequel le divorce aura été prononcé, perdra tous les avantages que l'autre époux lui avait faits, soit par contrat de mariage, soit depuis le mariage contracté.*

ART. 300. — *L'époux qui aura obtenu le divorce conservera les avantages à lui faits par l'autre époux, encore qu'ils aient été stipulés réciproquement et que la réciprocité n'ait pas eu lieu.*

ART. 1518. — *Lorsque la dissolution de la communauté s'opère par le divorce... l'époux qui a obtenu le divorce... conserve ses droits au préciput en cas de survie...*

SECTION PREMIÈRE. — Révocation des donations.

SOMMAIRE :

1. — L'époux contre lequel le divorce a été prononcé perd les avantages que son conjoint lui a faits.

I. — Lorsque le divorce a été prononcé contre l'un des époux, il produit cette conséquence que « l'époux contre lequel il a été admis » perd tous les avantages que son conjoint lui avait faits soit par contrat de mariage soit depuis le mariage contracté. Au contraire, l'époux qui a obtenu le divorce conserve ses droits à ces mêmes avantages, et cela encore que les stipulations leur donne un caractère de réciprocité.

La loi s'exprime en termes impératifs, nous en concluons que la révocation est nécessaire, qu'elle se fait de plein droit. Sans doute l'époux qui aura obtenu le divorce peut ne pas user de ce droit que la loi lui accorde, mais dans ce cas, ce sera une nouvelle libéralité dont il gratifiera son conjoint.

II. — Notons encore que la loi parle des avantages « que l'autre époux » aurait faits ; il est donc évident que l'époux contre lequel le divorce aurait été prononcé ne perd pas les avantages à lui faits par un tiers ; cette décision ressort encore de la considération que la disposition de l'art. 299 est une déchéance et les déchéances sont de stricte interprétation. « Puisque la question est ainsi tranchée, dit « M. Laurent, il est inutile de répondre aux mau-

« vaises raisons que Delvincourt donne pour l'opi-
« nion contraire » (1).

III. — L'article parle des avantages ; que faut-il entendre par cette expression ? Ce sont d'abord les donations, ensuite les dispositions testamentaires (2), mais ce ne sont pas les droits résultant des conventions matrimoniales qui ont trait à la reprise de la dot. Cela va sans dire au cas où chaque époux a fait un apport, mais cela est encore vrai au cas où l'époux n'ayant rien apporté, il en résulte pour lui un bénéfice du partage de la communauté. C'est l'art. 1527 C. civ. qui nous oblige à admettre cette solution.

IV. — Nous avons dit que l'époux perd les donations que son conjoint lui avait faites. Il semble que cette disposition soit inutile puisque les donations entre époux sont essentiellement révocables (art. 1096). C'est que la loi n'a pas voulu se rapporter à la volonté de l'époux demandeur, elle a craint que par faiblesse ou scrupule de conscience, il ne voulût renoncer au droit qui pourrait résulter du jugement, elle déclare, en conséquence, que les donations sont révoquées de plein droit.

V. — Les époux peuvent, par leur contrat de mariage se faire des libéralités par préciput ; l'art 1518, C. civ. dispose que, au cas où le divorce serait pro-

(1) V. Laurent III, p. 352, n. 304.
(2) V. Lyon, 26 janv. 1861. Dall. 61.5.140.

noncé contre l'un des époux, ce dernier perdra tous ses droits au préciput.

Cette nouvelle déchéance n'est que l'application du principe posé dans l'art. 299 C. civ.

VI. — L'art. 299 édicte ces déchéances contre l'époux qui a succombé dans l'instance en divorce.

Doit-on appliquer cet article au cas où le divorce est demandé, par l'époux originairement défendeur en vertu de l'art. 310 ? S'inspirant des termes généraux de la loi, qui ne distingue pas, la jurisprudence belge décide que cet article doit être appliqué à cette hypothèse. L'époux originairement demandeur est actuellement défendeur et le divorce étant prononcé, c'est bien contre lui qu'il est prononcé, nous sommes donc absolument dans les termes de l'art. 299 C. civil (1).

Nous sommes peut être dans les termes de l'article 299, mais nous ne sommes certainement pas dans son esprit.

Lorsque le texte de l'article 299 fut rédigé en 1804, on a voulu faire une opposition entre le cas où le divorce est demandé pour cause déterminée et le cas où il a été demandé par consentement mutuel ; c'est dans le premier cas seulement que la déchéance était encourue. Or, à cette époque on entendait par cause déterminée une des causes énumérées dans les articles 229. et s. du c. civ., et l'article 310 n'y est certainement pas compris. Lorsqu'en 1884 l'article 299 fut remis en vigueur la rédaction en a été changée uni-

(1) V. Bruxelles, 19 avril 1864, *Pasicrisie*. 1864, II. 504 ; Cass. Belge, 24 mars 1865, *Pasicrisie*, 1865, I. 147.

quement pour éliminer la partie qui avait trait au divorce par consentement mutuel. L'esprit de la loi est donc resté le même.

Qu'on ne dise pas que cet époux est ici défendeur en divorce et que c'est contre lui que le divorce est prononcé! Nous avons repoussé ce système lorsque nous avons traité plus haut cette hypothèse. On ne peut pas dire que cet époux est en faute de n'avoir pas demandé le divorce dès l'origine : il n'a fait qu'user d'un droit qu'il tient de la loi.

Comment! parce qu'il s'est contenté d'une simple séparation de corps soit à cause de conviction relihieuses, soit dans l'espoir d'une réconciliation dans l'intérêt des enfants, on le traiterait comme l'époux infâme (article 232) ou adultère! Mais quel est donc son méfait pour mériter une expiation aussi dure! Une semblable conclusion est inadmissible (1).

Un jugement du Tribunal d'Anvers a résolu implicitement la question en notre sens. Il décide que « l'époux originairement défendeur à une demande « en séparation de corps qui, usant du droit que lui « donne l'article 310 du code civil, demande et « obtient le divorce, doit être condamné aux dé- « pens (2) ». Il en résulte que cet époux n'est pas traité comme demandeur en divorce, et s'il est défendeur malgré la circonstance que c'est lui qui a introduit la demande en divorce, c'est que le divorce est prononcé contre lui comme la séparation de corps qui lui a donné naissance.

(1) V. Laurent III, n. 303.

(2) V. Trib. Anvers, 2 novembre 1878, *Belgique judiciaire*. 1878, p. 1519 (*Pasicrisie*, 1879, III, 153).

VII. — La révocation des donations prononcée par la loi doit-elle avoir un effet rétroactif! Quels seront alors les droits des tiers!

Il est certain que l'époux donataire n'est plus propriétaire après la prononciation du divorce, mais, en supposant qu'il s'agisse d'immeubles, il est nanti de la propriété à l'égard des tiers jusqu'a la transcription. Les droits réels qui ont été concedés par cet époux soit avant, soit après la prononciation du divorce, mais avant la transcription seront conservés, et la translation de la propriété, opérée par la révocation au profit de l'époux qui a obtenu le divorce » ne pourra être apnoeée aux tiers qui ont « des droits sur l'immeuble et qui les ont conservés « en se conformant aux lois ». Art. 3. L, du 23 mars 1855 (1).

VIII. — Le droit de se prévaloir de cette révocation appartient à l'époux au profit duquel elle s'est opérée ; elle appartiendra aussi à ses ayant-cause, si leur droit est né postérieurement à la prononciation du divorce (2) — et sous la même condition le droit de se prévaloir de la révocation appartiendra à toute personne intéressée. (3)

Section II. Dette alimentaire

ART. 301. — *Si les époux ne s'étaient fait aucun avantage, ou si ceux stipulés ne paraissaient pas*

(1) Civ. rej. 50 août 1865, Dall., 65.1 [illegible]45.
(2) Nous nous sommes déjà expliqués sur ce point.
(3) Lyon, 26 janvier 1861. Dall., 61.5.440.

suffisants pour assurer la subsistance de l'époux qui a obtenu le divorce, le tribunal pourra lui accorder, sur les biens de l'autre époux, une pension alimentaire, qui ne pourra excéder le tiers des revenus de cet autre époux. Cette pension sera révocable dans le cas où elle cesserait d'être nécessaire.

SOMMAIRE :

I. — L'époux qui a obtenu le divorce ne peut avoir droit aux aliments.

II. — Il ne peut plus demander cette pension après la prononciation du divorce,

III. — Evaluation de la pension alimentaire.

IV. — Ce droit à la pension ne passe pas aux héritiers.

I. — L'époux contre lequel le divorce a été prononcé a violé le contrat qui l'unissait à son conjoint, il ne peut donc plus l'invoquer ; aussi la loi le déclare-t-il déchu de tous les avantages qui pouvaient résulter pour lui de ce contrat. Au contraire, l'époux innocent, l'époux qui a obtenu le divorce, qui a respecté le contrat conjugal en retire tous les avantages qu'il pouvait en attendre. Nous en avons trouvé une preuve dans les articles 299 et 300, nous en trouvons ici une dernière : le droit aux aliments.

La loi dispose que l'époux qui a obtenu le divorce, si ses moyens lui sont insuffisants pour subvenir à ses besoins, aura droit de demander au Tribunal « une pension alimentaire sur les biens de l'autre « époux. »

II. — Empressons-nous d'ajouter que le princpe

qui nous conduit à accorder ce droit, à l'époux demandeur, en limite en même temps l'étendue. Nous dirons donc qu'il a le droit de demander cette pension seulement pendant que le mariage subsiste, c'est-à-dire jusqu'à la prononciation du divorce, mais une fois le mariage dissous, une fois le divorce prononcé, les époux sont étrangers l'un à l'autre, et si la pension alimentaire n'a pas été fixée avant la dissolution du mariage, elle ne pourrait plus l'être postérieurement.

III. — Le montant de cette dette varie avec les besoins de l'époux demandeur et les moyens de l'époux défendeur ; toutefois, ajoute la loi, « cette pen- « sion ne pourra pas excéder le tiers des revenus de « cet autre époux ! La loi indique ici un *maximum* qu'on ne pourra dépasser sous aucun prétexte (1)

« Cette pension sera révocable dans le cas où elle « cesserait d'être nécessaire » nous dit la loi ; nous pouvons ajouter, sans crainte d'être contredit, qu'au cas où elle devient excessive, sans toutefois cesser d'être nécessaire, on pourra la réduire. C'est, du reste, une question qui doit être laissée à l'appréciation ees juges du fait.

IV. — La loi qualifie elle-même le droit accordé à l'époux demandeur de pension alimentaire ; il faut donc lui appliquer toutes les règles qui régissent les droits de cette nature. Nous en conclurons que ce droit est essentiellement personnel et ne passe pas aux *héritiers* — ni du demandeur ni du défendeur. (2)

(1) *Contrà* Laurent III. n. 309.
(2) *Sic* Laurent III, n. 310.

SECTION III. — Des conventions matrimoniales

SOMMAIRE :

I. — Le divorce met fin au régime matrimonial. Renvoi.
II. — Art. 295, c. civ. Critique de la loi.

I. — Lorsque deux personnes se sont mariées, il est intervenu entre elles, en dehors du contrat qui est célébré devant l'officier de l'état-civil, un autre contrat, qui a réglé leur situation quant aux biens et qu'on appelle contrat pécuniaire du mariage ou simplement *contrat de mariage.*

Le divorce intervenant, le mariage est dissous ; les conventions matrimoniales sont alors — si nous pouvions parler ainsi — *résiliées*. Il faut en conséquence faire la liquidation.

Si le régime que les époux avaient choisi était un régime autre que la communauté, la question ne présente pas de difficulté sérieuse : chaque époux reprend ce qui lui appartient.

Si, au contraire, c'est la communauté qui a été adoptée par les époux, le divorce amène la dissolution de cette communauté ; l'art 1441 C. civ. nous dit, en effet : « La communauté se dissout par le « divorce ».

Lors de la dissolution de la communauté, chaque époux reprend également ce qui lui appartient, mais les règles à suivre dans ce cas sont nombreuses et compliquées ; nous renvoyons aux articles 1441 et suivants du Code civil.

II. — Nous avons vu à propos de l'art. 295 que les

époux divorcés pouvaient se réunir, sous certaines conditions. L'article s'empresse d' jouter que, dans ce cas : « Les époux ne pourront adopter un régime « matrimonial autre que celui qui réglait originaire- « ment leur union. »

L'article 1451 dernier alinéa du Code civil nous présente une décision analogue. Il suppose une séparation de biens obtenue en justice par des époux mariés sous le régime de la communauté; au cas où ces époux voudraient abandonner la séparation de biens, cet article leur défend d'admettre d'autres conventions matrimoniales que celles qui réglaient originairement leur union. Dans cette hypothèse, il y avait une fraude à craindre, à savoir que les époux ne voulussent modifier pendant le mariage leurs conventions matrimoniales, contrairement aux prescriptions de l'art. 1395 C. civ.

Notre article 295 a évidemment le même objet, mais il faut le reconnaître, il est bien inutile. Il est en effet difficile d'admettre que des époux recourent au divorce pour arriver au but qu'ils ne pourraient pas atteindre par une simple séparation de biens. Il ne faut pas l'oublier la loi accorde difficilement le divorce, supposer en conséquence, que des personnes se sont abaissées à recourir à l'adultère, ou aux injures dans le simple but d'arriver à modifier leur conventions matrimoniales, c'est faire, nous le croyons, une supposition bien peu réalisable.

En tous cas, c'est une mesure de précaution qui peut avoir son utilite dans des cas tout à fait exceptionnels.

LIVRE IV.

DU DIVORCE EN DROIT INTERNATIONAL PRIVE

CHAPITRE PREMIER.

Notions générales

SOMMAIRE :

Transition; conflit des lois; but du droit international privé; double aspect du Droit international privé; division.

Les trois premières parties de cet ouvrage ont été consacrées à étudier, au point de vue du divorce, la condition des époux de nationalité française. Lorsqu'ils sont domiciliés en France, leur situation est règlée exclusivement par la loi française. C'est elle qui détermine pour quelle cause le divorce est admissible, comment il peut être prononcé, quels en sont les effets en ce qui concerne les époux, leurs enfants et leursbiens.

Mais le divorce n'est pas organisé dans tous les pays comme il l'est en France. Ainsi notre législation l'admet ; le code civil italien ne l'admet pas. Chez nous le divorce n'est pas poss ble par consentement mutuel ; il en est autrement en Belgique. Le code prussien multiplie les causes du divorce ; d'après la loi française, le nombre en est très restreint. De même, dans les différents Etats où le divorce existe, les conséquences qu'il produit sont l'objet d'une réglementation différente.

On voit immédiatement que ce désaccord entre les diverses législations, ce *conflit*, pour employer l'expression consacrée, doit donner lieu à des difficultés, lorsqu'il s'agit de déterminer à quelle loi les époux sont soumis, quant au divorce, dans un pays autre que le leur.

Le conflit que nous venons de signaler ne se produit pas seulement à l'occasion de la loi du divorce mais bien aussi à propos de toutes les lois quel que soit leur objet.

Une branche spéciale des études juridiques, le *Droit international privé*, a pour but de résoudre les problèmes que fait naître le conflit des lois, l'antagonisme des législations.

Le Droit international privé a un double aspect. D'abord, il recherche au point de vue théorique et d'après les principes d'un droit rationnel, la loi supérieure qui devrait s'imposer à toutes les nations, au milieu de la diversité des préceptes législatifs qu'elles ont édictés (*Lex ferenda*). En second lieu, abandonnant ces recherches purement spéculatives, et se plaçant sur le terrain du droit positif, tel qu'il est formulé par la législation de chaque pays, le Droit international privé, étudie dans quelles circonstances et à quelles conditions un État fera sur son territoire l'application de sa propre loi ou reconnaîtra l'autorité des lois étrangères (*Lex lata*). Envisagé sous ce dernier aspect, c'est seulement dans le silence des lois positives, que le Droit international privé, peut s'inspirer des indications d'un droit rationnel.

Dans les développements qui vont suivre, nous nous placerons au point de vue du droit positif français et nous traiterons successivement, dans deux chapitres : 1° Du divorce des Français en pays étranger; 2° De la condition des étrangers en France, relativement au divorce.

CHAPITRE II.

Du divorce des Français en pays étranger.

SOMMAIRE :

I. — Statut personnel et statut réel.
II. — Application à la loi du divorce.
III. — La procédure du divorce est régie par la loi du pays où la demande est formée.
IV. — Les causes du divorce font partie du statut personnel.
V. — Du cas où les époux se sont mariés en pays étranger.
VI. — Conséquences, quant au divorce, d'une naturalisation acquise en pays étranger, par deux époux français.
VII. — Influence de la fraude.
VIII. — Condition des époux qui n'ont pas la même nationalité.

I.— Aux termes de l'art. 3, 3e al., du code civil : « Les lois concernant l'état et la capacité des personnes, régissent les Français même résidant en pays étranger »

L'ensemble des lois auxquelles se réfère cette disposition, forme ce que l'on appelle le *statut personnel* de l'individu. Ce sont les lois qui concernent directement et principalement la condition des personnes, alors même qu'elles auraient pour effet de modifier accessoirement le sort des biens. Au statut personnel, on oppose le *statut réel*. Sous le nom de statut réel, on désigne l'ensemble des lois qui ont pour objet immédiat de régler le sort des biens, même si elles se préoccupent accessoirement de la condition des personnes. Ce sont les lois que le législateur a eu en vue, dans l'art. 3, 2e al. du code civil, ainsi conçu : « Les immeubles, même ceux possédés par des étrangers, sont régis par la loi française. » La distinction du statut personnel et du statut réel est fondamentale, lorsqu'il s'agit de déterminer l'étendue d'application des lois relativement aux personnes et au territoire sur lesquels elles exercent leur empire. Nous allons en voir immédiatement l'intérêt pratique, sauf à compléter ultérieurement l'exposé du système qu'elle implique, en nous occupant en temps et lieux des deux autres catégories de lois : les lois relatives à la forme des actes juridiques et les lois de police et de sûreté.

II. — Les deux alinéas de l'art. 3 du code civil, reproduits ci-dessus, conduisent à cette conséquence que les français, ayant des biens en pays étranger, ne sont pas soumis, quant à ces biens, à celles de leurs lois nationales qui appartiennent au statut réel.

Au contraire, ils demeurent régis par les lois françaises, qui font partie du statut personnel, même s'ils habitent en pays étranger (1).

(1) Les jurisconsultes allemands admettent, en général, la réalité des lois. Notamment, ils considèrent comme *réelle* la *loi du divorce*, les uns parce que les considérations morales ou religieuses prédominent en cette matière, les autres parce qu'il s'agit d'un intérêt d'ordre public. (Wachter, *Archiv für civilistische Praxis*, t. XXV, p. 187 ; Savigny, *System*, t. VIII, p. 337, n. 6. Voy. cependant Baer, *Das internationale Privatrecht*, § 92.

La loi du divorce appartient incontestablement au statut personnel, puisque le divorce change complètement l'*état* des époux. Ils cessent d'être mari et femme. Il n'y a plus de puissance maritale, ni d'*incapacité* de la femme. De là résultait, avant la loi nouvelle, que des époux français ne pouvait divorcer valablement en pays étranger. Malgré le divorce prononcé, ils étaient toujours réputés mariés, d'après la loi française. Si l'un d'eux contractait un nouveau mariage, ce mariage était entaché de bigamie et les enfants nés de la nouvelle union en pouvaient être considéré que comme adultérins.

La loi de 1884 ayant rétabli le divorce en France, la condition des époux français en pays étrangers se trouve modifiée. Désormais, ils peuvent divorcer, par cela même que leur statut personnel le leur permet. Cela suppose, bien entendu, que le droit positif de l'Etat, dans le territoire duquel habitent les époux, admet le divorce et reconnaît la compétence de ses tribunaux pour les contestations entre personnes de nationalité étrangère. Ainsi, la loi italienne exclut le divorce, comme contraire à l'intérêt social. Les juriconsultes italiens en concluent que les tribunaux, en Italie, ne sauraient accueillir que demande de divorce entre deux époux qui pourraient divorcer d'après leur loi nationale. Au contraire, la Belgique par exemple, a conservé depuis 1804 l'institution du divorce et les tribunaux belges reconnaissent leur compétence à l'égard des étrangers domiciliés dans le pays. Deux époux français seraient donc reçus à divorcer en Belgique (Voir sur ce point un arrêt de la cour de Bruxelles du 16 juin 1875, rapporté dans la *Pasicrisie belge*, 1875, 2e partie).

III. — Nous venons d'établir les principes de la possibilité du divorce des français à l'étranger. Immédiatement une nouvelle question se pose. Notre loi détermine limitativement le nombre des causes qui peuvent donner lieu au divorce ; d'autre part, elle édicte certaines règles de procédure pour l'instruction de la demande et du jugement. A ce double point de vue, les législations des divers pays ne sont pas conçues de la même manière. Si elles comprennent des causes de divorce que notre législation écarte, si elles prescrivent des formes différentes pour la procédure à suivre, comment se réglera le conflit ? En d'autres termes, les époux français qui ont obtenu le divorce à l'étranger seront-ils valablement divorcés en France, si la cause pour laquelle la rupture du mariage a été prononcée n'est pas admise par notre droit, ou si les formes employées pour arriver à cette rupture n'ont pas été celles de la procédure française ?

Examinons d'abord la question en ce qui concerne les formes du divorce. C'est ici le lieu de rappeler un principe que le code civil n'a formulé nulle part en termes formels (1) mais qui, d'ailleurs, n'en est pas moins certain et universellement reconnu. Nous voulons parler du principe : « *Locus regit actum.* » D'après ce principe, tout acte juridique accompli suivant les formes usitées dans le pays où il a été fait doit être considéré partout comme régulier.

La règle doit recevoir son application relativement aux formes du divorce. Puisque les intéressés ne peuvent se conformer qu'à la procédure usitée de-

(1) Comp, art. 47, 170, 999 du code civil.

vant le tribunal auquel il s'adressent, on ne peut leur faire un grief de s'être servi de cette procédure.

C'est donc la loi du lieu où le procès est instruit qui régit d'une façon absolue les formalités de l'instruction et de la procédure (délais de comparution, preuves, rédaction du jugement, etc.), ainsi que le mode de prononciation du divorce.

IV. — La solution que nous venons de donner pour les formes du divorce ne saurait s'appliquer à ses causes. Celle-ci sont intimement liées à la faculté même de divorcer, au point de s'identifier avec elle.

En effet, si la loi permet le divorce dans certains cas déterminés limitativement, il en résulte qu'elle ne l'autorise pas en dehors de ces cas. Les causes du divorce appartiennent donc au statut personnel comme le divorce lui-même et nous devrons leur appliquer le principe d'après lequel les français, à l'étranger demeurent régis par leur statut personnel.

Ainsi, le consentement mutuel, en Belgique, la démence, la prodigalité, en Prusse, peuvent entraîner le divorce. Deux époux français qui auraient obtenu d'un tribunal belge ou allemand la rupture de leur mariage, pour l'une de ces causes que notre législation n'admet pas seraient toujours réputés mariés, au point de vue de la loi française.

V. — Cette doctrine comporte-t-elle une réserve, dans l'hypothèse où le mariage aurait été contracté par deux français dans le pays étranger où le divorce est demandé? Par exemple, deux époux français qui se sont mariés en Belgique pourraient-ils valablement divorcer en Belgique par consentement mutuel ? L'affirmative a été soutenue. Les effets d'un contrat a-t-on dit, doivent être régis par la loi du pays où il a été passé ; donc, le mariage contracté en Belgique est soumis, quant à ses effets, à la loi belge ; c'est elle qui déciderait s'il y a lieu ou non à divorce (1).

A notre avis, cette opinion doit être repoussée.

On admet, il est vrai, généralement qu'il appartient à la loi du lieu où un contrat est intervenu, de régler les conséquences de ce contrat. Mais pourquoi ? Parce que les parties sont présumées avoir eu l'intention de s'en rapporter à la loi du lieu où elles sont établies, pour l'exécution de leur convention. Eh bien, cette intention ne peut être prise en considération lorsqu'il s'agit du mariage, car c'est un contrat dont les effets réglés par la loi elle-même, dans un intérêt d'ordre public ne dépendent nullement de la volonté des époux.

Au surplus, quoique mariés en pays étranger, les époux français conservent néanmoins leur statut personnel (2) ; par conséquent ils ne peuvent divorcer que pour les causes prévues par leur loi nationale (3).

VI. — Avant la promulgation de la loi du 19 juillet 1884, alors que notre législation autorisait seulement la séparation de corps, on se demandait dans quelles conditions des époux divorçaient valablement à la suite d'une naturalisation acquise dans un état

(1) Merlin, *Répertoire*, au mot *Divorce*.
(2) Code civil, art. 3, 3e al.
(3) Laurent, le *Droit civil international*, t. V, n. 122.

étranger. La question ne se présentera plus dans les mêmes termes puisque le divorce existe maintenant en France. Il est possible cependant que des époux français se fassent naturaliser dans un pays étranger et divorcent ensuite pour une cause que notre droit ne reconnaît pas. Pourront-ils se prevaloir, en France, de la dissolution de leur mariage ?

Supposons d'abord, qu'une naturalisation à l'étranger ait été obtenue par les deux époux. En changeant de nationalité, ils ont incontestablement changé de statut personnel, puisque le statut personnel dépend de la nationalité. Par conséquent, leur mariage devient dissoluble conformément à la loi de leur nouvelle patrie et si un divorce intervient en vertu d'une cause prévue par cette loi, il devra être réputé valable, quelleque soit cette cause, même au point de vue de la loi française. Aucun doute ne saurait exister sur ce point (1).

VII. — Ce n'est pas à dire, toutefois, que nos tribunaux devront toujours tenir compte d'un divorce intervenu dans les circonstances que nous venons de mentionner. Il peut arriver que des français se fassent naturaliser à l'étranger, dans le seul but d'obtenir ailleurs un divorce qui leur serait refusé sur le territoire français, par exemple, un divorce par consentement mutuel.

Dans ce cas, la naturalisation est entachée de fraude, n'étant ni loyale, ni sincère. Il en résulte que les juridictions françaises seront fondées à ne

(1) Comparez Laurent, *op. cit.*, t, V, n. 164; Merlin, *questions de droit*, v°., Divorce, § 50.

pas en tenir compte et à considérer le divorce comme non avenu. En le décidant ainsi, nous ne faisons qu'appliquer la maxime : *Fraus omnia corrumpit*. La fraude vicie tous les actes juridiques.

Si donc, des époux français recourent à une naturalisation fictive pour divorcer contrairement à la loi de leur statut personnel ; s'ils quittent ensuite leur nouvelle patrie, à laquelle ils n'ont eu l'intention de se rattacher par aucun lien sérieux, de retour en France, ils ne pourront convoler à une autre union, et le nouveau mariage qu'ils auraient contracté, en pays étranger, serait annulable pour bigamie, au regard de notre loi (1).

VIII. — Reste une deuxième hypothèse, beaucoup plus délicate, celle où deux époux seraient, l'un de nationalité française, l'autre de nationalité étrangère. Comment cela peut-il se présenter ?

Sans doute, la femme étrangère qui épouse un français devient française, et, d'un autre côté, la femme française qui épouse un étranger acquiert la nationalité de son conjoint. En un mot, la femme suit toujours, en contractant mariage, la condition de son mari (2). Il semble donc, que deux époux ne peuvent jamais être l'un français, l'autre étranger.

Mais notre législation n'édicte pas l'identité de patrie des deux époux pendant toute la durée du mariage. La naturalisation est l'exercice d'un droit individuel et nul ne peut être privé de sa nationalité

(1) Comparez sur ce point un arrêt de la cour de Poitiers, en date du 16 décembre 1845, Dalloz, 1846, I, 7.

(2) Code civil, art. 12.

sans sa volonté. Aussi est-il de jurisprudence certaine que si, au cours de l'union conjugale, un mari français se fait naturaliser étranger, la femme demeure néanmoins française. De même, rien n'empêcherait que la femme seule changeât de nationalité, avec l'autorisation de son mari.

A quelle loi les époux seront-ils soumis, quant au divorce? Notre droit positif est muet sur ce point. De là, la difficulté. A notre avis, voici la solution qui paraît résulter des principes généraux. L'état et la capacité de l'époux français sont régis par la loi française; l'état et la capacité de l'époux étranger, sont régis par la loi étrangère. C'est la conséquence qui découle logiquement de l'article 3 du Code civil. Par suite, chaque conjoint divorcera valablement suivant son statut personnel. Il pourra donc arriver que le divorce obtenu par un mari étranger, dans sa patrie, produise pour lui ses effets en France, tandis que la femme demeurée française, sera néanmoins réputée mariée si la cause qui a motivé le divorce n'est pas au nombre des cas fixés par la loi de 1884.

Un pareil résultat est assurément bizarre, mais il s'impose dans l'état actuel des textes.

En dernier lieu, nous ajouterons qu'il appartient aux tribunaux d'apprécier si la naturalisation de l'époux français en pays étranger, est frauduleuse, c'est-à-dire si elle a eu lieu dans le seul but d'échapper aux restrictions de notre législation, sans intention de changer de nationalité. Le cas échéant, la naturalisation et le divorce qui l'aurait suivie ne pourraient être invoqués en France (1).

(1) Comp. Cass., 18 mars 1878, 1, 2, affaire Bauffremont.

CHAPITRE III.

De la condition des étrangers en France

SOMMAIRE.

I. — Les Tribunaux français ne peuvent pas connaître d'une demande en divorce faite par un étranger contre un étranger.
II. — L'incompétence doit être proposée par le défendeur *in limine litis*; mais elle peut être opposée d'office par le tribunal.
III. — Les Tribunaux français sont cependant compétents dans certains cas exceptionnels.
IV. — Cas particulier ou l'un des époux est français et l'autre étranger.

I. — Nous avons vu dans le chapitre précédent qu'elle est au est point de vue du divorce la condition des français en pays étranger; il nous faut maintenant rechercher qu'elle est la condition des étrangers en France.

Voici, à cet égard, le système qui se dégage de la jurisprudence.

En principe, les tribunaux français sont incompétents pour connaître des actions relatives à l'état des étrangers (1), et comme l'action en divorce est relative à l'état des personnes, il s'en suit que les tribunaux français ne peuvent pas en connaître (2), et cela lors même que l'étranger demandeur serait né

(1). V. Rennes 16 mars 1842. Sir. 42, 2, 24. — *Sic*. Fœlix, I. 158.
(2). V. Lyon 25 février 1867. Sir. 57, 2, 625.

français devenu étranger par la suite (art. 19 c. civ.) et que le mariage aurait été contracté en France (1).

II. — L'étranger appelé devant les tribunaux français peut donc opposer l'exception d'incompétence et il doit l'opposer *in limine litis* : s'il ne l'oppose pas à ce moment il est censé y avoir renoncé et il ne peut plus l'opposer (2) Toutefois, comme dans ce cas, la compétence des tribunaux français n'est pas fondée sur une disposition de la loi française, mais sur requête simplement du consentemment des parties, ces tribunaux peuvent se déclarer incompétents d'*office* (3)

(1). *V.* Req. rej. 14 avril 1818. Sir 19, 1, 193 ; Req. rej. 27 novembre 1822. Sir. 24, 1, 48 ; Paris 26 avril 1823. Sir. 24, 2, 65; Req. rej. 30 juin 1823. Sir. 24. 1. 49 ; Metz, 25 août 1825. Sir. 27, 2, 192 ; Paris 23 juin 1836. Dall. 36, 2, 160 ; Paris 24 août 1834. Sir. 44, 2, 568 ; Poitiers 15 juin 1847. Sir. 48, 2, 438 ; Req. rej. 16 mai 1849. Sir. 49, 1, 478 ; Paris 23 juin 1859. Sir. 60, 2, 261 : Angers 20 juin 1861. Sir. 61, 2, 409 ; Metz 21 juillet 1865. Sir. 66. 2, 237, *Sic.* Duranton II. 583 ; Fœlix. I. 158 ; Vazeille *du mariage*. II. 562 ; Favard, *Rép.* v° *Séparation entre époux*. Sec. II. § 2. art. 1. n° 1 ; Aubry et Rau VIII. § 788bis p. 144 et 145.

(2) Arg. de l'art. 168 et 169 c. pr. civ. — *V.* Req. rej. 5 frimaire an XIV, Sir. 6, 2, 783 ; Douai 7 mai 1828 Sir 29, 2, 9 ; Req. rej. 29 mai 1833 Sir. 33, 1, 522 ; Douai 1er décembre 1834, Dall. 35, 2, 60. — *Sic* Merlin, *Rép.* v° *Etrangers*. § 2, in fine ; Fœlix I. 155 ; Coin-Delisle. sur l'art. 15, n° 20 ; Demolombe, I n° 261 ; Aubry et Rau VIII. p. 148.

(3) *V.* Cass. 4 septembre 1811, Sir. 12. 1. 157 ; Req. rej. 14 avril 1818, Sir. 19, 1, 193 ; Civ. rej. 8 avril 1818 ; Sir. 4, 1. 217 ; Cass. 30 juin 1823, Sir. 23, I, 49 : Req. rej. 2 avril 1833 Sir 33, I, 435 ; Rouen 23 avril 1855, Sir. 57, 383 Req. rej. 27 janvier 1857. Sir, 57, I, 161 : Lyon 25 février 1857, Sir Sir. 57, 2, 625 ; Req. rej. 10 mars 1858 Sir. 58, I, 529. — *Sic.* Fœlix. I. 149 ; Demolombe I. n° 261 ; Aubry et Rau VIII. T. 748 *ter.* texte et note 55.

III. — Cette incompétence des tribunaux français de connaître des questions relatives à l'état des étrangers cesse dans deux cas : Lorsque l'étranger a été autorisé par le gouvernement français à fixer son domicile en France (1), et lorsqu'il existe à cet égard un traité diplomatique entre la France et le pays auquel cet étranger appartient (art. 11 du code civil) (2).

Toutefois, comme les étrangers sont soumis en France aux lois qui régissent l'ordre public, il est juste d'admettre qu'ils peuvent retirer de ces lois les avantages qu'en retirent les Français eux-mêmes : c'est ainsi, par exemple, que nous leur permettons de recourir aux lois françaises et aux tribunaux français lorsqu'une infraction pénale a été commise à leur préjudice en France.

C'est par application de ce principe que la jurisprudence déclare que la femme étrangère peut demander, devant les tribunaux français, que son mari soit tenu de la recevoir ou de lui fournir des aliments (3). Et particulièrement pour l'action en divorce, la jurisprudence admet que si les tribunaux français sont incompétents pour connaître du fond du procès, ils peuvent au moins ordonner les mesures

(1) *V.* Metz, 17 janvier 1839 Sir. 39, 2, 474 ; Rennes 27 avril 1847, Sir. 47. 2. 444 ; civ. rej. 23 juillet 1855. Sir 56, I, 148. — *Sic.* Fœlix I. 152 ; Zachariæ (Aubry et Rau) §. 748 texte et note 14 Aubry et Rau VIII p. 145.

(2) *V.* Zachariæ (Massé et Vergé) I. p. 87 ; Aubry et Rau VIII. p. 446.

(3) V. Paris, 19 décembre 1883, Sir. 34, 2, 384 : — *Sic* Fœlix, I, 162, Zachariae (Massé et Vergé), I, § 62, texte et 22, p. 87 ; Aubry et Rau, VIII, § 748 *ter*, texte et note 45, p. 146.

provisoires qu'ils jugeraient nécessaires, selon les circonstances ; c'est ainsi, notamment, qu'ils peuvent permettre à la femme de quitter le domicile conjugal et condamner son mari à lui payer une pension alimentaire (1).

IV. — Nous n'avons envisagé que le cas d'un divorce demandé par un époux étranger, contre son conjoint étranger mais nous avons vu dans le chapitre précédent, qu'il peut arriver que les deux époux n'aient pas la même nationalité, que l'un d'eux seulement soit étranger et que l'autre soit français. Dans cette hypothèse, les tribunaux doivent se déclarer compétents, car nous sommes dans un cas où un « intérêt français » est engagé (2).

Inutile d'ajouter que les tribunaux français appliqueront la loi française du divorce qui a un caractère d'ordre public.

(1) V. Lyon, 25 février 1857, Sir. 57, 2, 625,

(2) V. Paris, 2 mars 1868, Sir. 69. 2. 332 ; Trib. civ. Seine, 2 juin 1872, Sir. 72. 2. 248.

FORMULAIRE

PARTICULIER A LA PROCÉDURE DU DIVORCE

---

1. — Requête contenant la demande en divorce.

A Monsieur le Président du tribunal civil
de première instance de

(*Prénoms, nom, profession et domicile*), ayant pour avoué Mᵉ (*nom*),

A l'honneur de vous exposer qu'il a contracté mariage devant l'officier de l'état civil de (*nom de la commune*), le . avec (*prénoms, nom, profession et domicile*);

Exposer d'une manière générale les griefs du demandeur.

Ajouter ensuite : que l'exposant articule dès maintenant et offrira ultérieurement de prouver les faits suivants. (1).

(1). — Nous croyons utile de formuler dans le premier acte de procédure l'articulation des faits ; on jette ainsi comme dans un moule unique tous les moyens qui doivent ensuite reparaître dans les phases successives de la procédure:

Énumérer les griefs en les précisant par leurs dates et leurs circonstances particulières.

Par ces motifs, l'exposant conclut à ce qu'il vous plaise, Monsieur le Président lui donner acte de la demande en divorce qu'il forme par la présente requête ; dresser procès-verbal de la comparution de l'exposant et de la remise en vos mains de sa requête ;

Dans le cas de production de pièces à l'appui de la demande :

Lui donner acte de ce qu'il produit à l'appui de sa demande : 1° (*énumérer les pieces produites*);

Ordonner que parties comparaîtront en personne devant vous, au jour et à l'heure que vous indiquerez, et qu'à cet effet copie de votre ordonnance à intervenir sera par vous adressée à (*prénoms et nom*), par l'huissier audencier qu'il vous plaira commettre.

(*Signatures de l'exposant et de son avoué*).

---

2. — Procès-verbal de la comparution du demandeur et de la remise de sa requête contenant la demande en divorce, suivi de l'ordonnance du président pour faire comparaître les parties devant lui.

L'an , le , à heures ;

Devant nous (*prénoms et nom*), président du tribunal de première instance séant à , assisté de (*prénoms et nom*), greffier près du même tribunal ;

En notre cabinet, au palais de justice ;

Aux fins et en conformité de l'article 236 du Code civil ;

A comparu M. (*prénoms, nom, profession et domicile*) ;

Lequel comparant nous a présenté la requête signée de lui et de son avoué, détaillant les faits et contenant la demande en divorce, qu'il forme contre sa femme, ou son mari (*prénoms et nom de famille*) ;

Après avoir entendu le comparant (*la comparante*), nous lui avons fait toutes les observations que nous avons cru convenables ; nous avons paraphé la demande (*s'il a été produit des pièces à l'appui :* et les pièces), et nous avons dressé de la remise qui en été faite en nos mains, le présent procès-verbal, que nous avons signé avec le comparant (*la comparante*) et le greffier (*ou :* que nous avons signé avec le greffier, le comparant (*la comparante*) ayant déclaré ne savoir signer).

(*Signatures du comparant, du greffier, du président, ou du président et du greffier*).

Sur quoi,

Nous, Président, ordonnons que les parties comparaîtront en personne devant nous, en notre cabinet, au palais de justice, le , à heures ; ordonnons que copie de notre présente ordonnance sera adressée à M. (*prénoms et nom*) par huissier audiencier que nous commettons à cet effet.

Fait au palais de justice à , le

(*Signature du président*).

---

3. — Signification du procès-verbal contenant l'ordonnance du président, avec assignation à comparaître devant lui.

L'an , le ;

Au nom de M. le président du tribunal de première instance de

Et à la requête de M. (*prénoms, nom, profession et domicile*);

En vertu de l'ordonnance de M. le président du tribunal, contenue dans le procès-verbal dressé en exécution de l'art. 237 du Code civil, le . sur la requête présentée par M. (*prénoms et nom du requérant*) ; énonçant les faits sur lesquels il se fonde pour demander le divorce contre (*prénoms, nom, profession et domicile*), de l'expédition duquel procès-verbal, copie est donnée en tête de celle des présentes;

J'ai, (*prénoms, nom, immatricule et domicile de l'huissier*), soussigné, commis à cet effet, donné assignation à (*prénoms, nom, profession et domicile*), ou étant et parlant à

A comparaître en personne, le , heure de , devant M. le président du tribunal de première instance séant à , en son cabinet au

Palais de justice, pour répondre aux faits énoncés en la requête, et entendre, conjointement avec le requérant, les représentations que M. le président croira propres à opérer un rapprochement; et, en cas de non-conciliation, voir ordonner la communication de la demande (*s'il y a lieu :* et des pièces) au ministère public et le référé du tout au tribunal.

Et je lui ai, en parlant comme dessus, laissé copie de l'expédition dudit procès-verbal, et du présent exploit, dont le coût est de

(*Signature de l'huissier*).

---

4. — Procès-verbal constatant que le président n'a pu opérer un rapprochement entre les époux.

L'an , le , à heures ;

Devant nous, (*prénoms et nom*), président du tribunal de première instance séant à , assisté de (*prénoms et nom*), greffier de ce siège ;

En notre cabinet, au Palais de justice ;

En exécution de notre ordonnance en date du , dont copie a été adressée en notre nom, à M. (*prénoms, nom, profession et domicile*), suivant exploit de (*nom*), huissier à , commis à cet effet, en date du ;

Et aux fins de l'article 239 du Code civil ;

Ont comparu :

D'une part, M. (*prénoms, nom, profession et domicile*), demandeur (*demanderesse*) en divorce ;

Et, d'autre part, M. (*prénoms, nom, profession et domicile*), défendeur (*défenderesse*) en divorce ;

Nous avons fait aux époux comparants (*en cas de défaut à l'époux comparant*) les représentations que nous avons cru propres à opérer un rapprochement ; mais, n'ayant pu y parvenir, nous avons dressé du tout le procès-verbal ; disons en conséquence que la demande dont s'agit soit communiquée au ministère public et qu'il en soit référé au tribunal.

Dont acte, signé par le président et le greffier.

---

5. — Permission de citer.

Audience du

Le tribunal,

Sur le réferé à lui fait, en chambre du conseil, par M. le président, de la demande en divorce formée par M. (*prénoms, nom, profession et domicile*), contre M. (*prenoms, nom, profession et domicile*), entre lesquels ce magistrat n'a pu opérer un rapprochement, ainsi que cela résulte du procès-verbal dressé par lui, le ;

Entendu egalement en chambre du conseil, M. (*nom*), substitut de M. le Procureur de la République, en son avis ;

Et vu l'art. 240 du Code civil ;

Accorde à M. (*prénoms et nom*), la permissio

de citer (*ou*) suspend pour jours la permission de citer.

(*Signatures du président et du greffier.*)

---

6. — Signification de la requête contenant demande en divorce et des pièces, avec assignation devant le tribunal.

L'an , le ;

A la requête de M. (*prénoms, nom, profession et domicile*), pour lequel domicile est élu en l'étude de Mᵉ (*nom*), avoué au tribunal de première instance de , demeurant à , rue , nᵒ , lequel est constitué et occupera pour le requérant sur la présente assignation et ses suites.

J'ai (*prénoms, nom, immatricule et domicile de l'huissier*), soussigné, signifié et donné copie à M. *prénoms, nom, profession et domicile*), où étant et parlant à ;

1° D'une requête présentée par le requérant, à M. le président du tribunal de première instance séant à , le , contenant la demande en divorce qu'il forme contre le défendeur ;

2° De l'expédition d'un procès-verbal dressé en exécution de l'art. 237 du code civil, par M. le président du tribunal susdit, le , constatant la comparution du requérant devant lui et la remise en ses mains de la requête sus-énoncée et de l'ordonnance rendue le même jour, au bas de ce procès-verbal, par M. le président ;

3° De l'expédition du procès-verbal dressé par M. le président, en date du , par lequel il a ordonné la communication de la demande et des pièces au ministère public, et le référé du tout au tribunal ;

4° De l'expédition de la permission de citer, accordée par le tribunal, à l'audience publique de la première chambre, le ;

Et, à même requête, demeure et élection de domicile que dessus, en vertu de la permission de citer ci-dessus énoncée, j'ai donné assignation à M. (*prénomset nom*), à comparaître à huitaine franche, dix heures du matin, à l'audience à huis-clos du tribunal de première instance séant à pour, par les faits et motifs énoncés en la requête dont s'agit, et après l'accomplissement des formalités prescrites par les art. 242, 243, 244, 245 et 246 du code civil, voir admettre le divorce entre le requérant et l'assigné ; en conséquence, entendre autoriser le requérant à se présenter devant l'officier de l'état civil pour faire prononcer le divorce et s'entendre condamner aux dépens.

Dans le cas où la requérante conclut à la liquidation de la communauté :

Et attendu que, le divorce prononcé, il y aura lieu de procéder à la liquidation de la communauté existante entre le défendeur et la requérante, et des reprises de celle-ci contre son mari, (*la suite comme en matière de séparation de corps*).

---

7. — Avenir pour appeler la partie défenderesse à l'audience à huis-clos; (au cas ou la partie défenderesse a constitué avoué sur l'assignation dont la formule précède).

A la requête de M. (*prénoms*, *nom*), ayant pour avoué Me (*nom*) ;

Soit sommé Me (*nom*), avoué de , de comparaître et de faire comparaître sa partie, le , à dix heures du matin, à l'audience à huis clos de la première chambre du tribunal de première instance séant à , pour y entendre exposer les motifs de la demande en divorce formée par le réquérant, voir nommer les témoins qu'il se propose de faire entendre, y proposer ses observations tant sur les motifs de la demande que sur les témoins qui seront nommés, et y nommer de son côté, les témoins qu'il se propose de produire.

(*Signature de l'avoué*).

---

8. — Procès-verbal des comparutions, dires et observations de parties.

L'An , le , à heures ;

A l'audience à huis clos tenue par la première chambre du tribunal dè première instance de ;

A comparu en personne, M. (*prénoms*, *nom*, *profession et domicile*) ; assisté de Mc (*nom*), son avoué ;

Lequel comparant a fait exposer par son conseil, les motifs de la demande en divorce qu'il a formée. contre M. (*prénoms, nom, profession et domicile*);

Le comparant pour appuyer sa demande, a représenté les pièces dont l'énonciation suit :

1.
2.

Et il a nommé les témoins suivants, qu'il se propose de faire entendre :

1.
2.

Ou : Le comparant s'est réservé de nommer ultérieurement les témoins qu'il se propose de faire entendre ;

A également comparu M. (*prénoms, nom, profession et domicile*), assisté de son avoué Me (*nom*);

Lequel comparant, sans aucune reconnaissance préjudiciable de la demande, mais au contraire sous la réserve la plus expresse de tous moyens de nullité, fins de non recevoir, exceptions de forme et du fond de tous autres droits, a nommé les témoins suivants, qu'il se propose de faire entendre :

1.
2.

Ou : a déclaré se réserver la faculté de nommer ultérieurement les témoins qu'il se propose de faire entendre :

Ou : (*dans le cas ou la partie défendresse ne comparait pas en personne*) A comparu Me (*nom*), avoué à ce tribunal, occupant pour M. (*prénoms, nom, profession et domicile*) :

Lequel, sans aucune reconnaissance préjudiciable

de la demande, mais au contraire sous la réserve la plus expresse de tous moyens de nullité, fins de non recevoir, exceptions de forme et de fond, et de tous autres droits, a déclaré que la partie défenderesse a nommé les témoins suivants, qu'elle se propose de faire entendre :

1.

2.

Ou : a déclaré que la partie défenderesse se réserve de nommer ultérieurement les témoins qu'elle se propose de faire entendre ;

Ou quand la partie défenderesse ne comparait pas en personne et ne se fait pas représenter :

La partie défenderesse, n'a point comparu ;

Lecture ayant été donnée aux comparants, du présent procès verbal, il a été signé par eux, avec leurs avoués, ainsi que par le président et le greffier.

(*Signatures des comparants, des avoués, du président et du greffier.*)

Si les parties ou l'une d'elles ne sait ou ne peut signer, il en est fait mention.

Le tribunal, statuant en audience publique ;

Renvoie les parties à l'audience publique de la première chambre, qui sera tenue le , à dix heures du matin ;

Ordonne la communication de la procédure au ministère public, et nomme M. (*nom*) juge pour faire son rapport.

Dans le cas où la partie défenderesse ne comparaît pas:

Et, attendu que la partie défenderesse ne comparaît pas, dit que la présente ordonnance lui sera signifiée dans le délai de jours; par.... huissier audiencier que nous commettons à cet effet.

---

9. — Exploit portant signification du procès verbal de la comparution de la partie demanderesse et de l'ordonnance du tribunal qui renvoie les parties à l'audience publique. (*Au cas où la partie défenderesse a fait défaut*)

L'an , le ;

A la requête de M. (*prénoms, nom, profession et domicile*), pour lequel domicile est élu en l'étude de Me (*nom*) avoué à , demeurant à , rue n° ;

J'ai, (*prénoms, nom, immatricule et domicile de l'huissier*) soussigné, commis à cet effet, signifié et donné copie, à M. (*prénoms, nom, profession et domicile*), étant en son domicile et y parlant à

De l'expédition du procès-verbal de la comparution, des dires et observations du requérant, dressé en exécution de l'art. 244 du code civil, à l'audience à huis clos de la première chambre du tribunal de première instance séant à , le ; et de l'ordonnance du tribunal, rendue à l'audience publique du même jour, qui renvoie les parties à l'audience publique de la première chambre du tribunal du , à dix heures du matin.

Et je lui ai, en parlant comme ci-dessus, laissé copie de ladite expédition et du (le) présent exploit, dont le coût est de .

(*Signature de l'huissier*).

---

10. — (1) Acte d'avoué à avoué portant notification du procès-verbal de la comparution des parties à l'audience huis-clos, et de l'ordonnance du tribunal qui les renvoie à l'audience publique.

A la requête de M. (*prénoms, nom*, ayant pour avoué M...

Soit signifié à M° (*nom*), avoué de M. (*prénoms, nom*) ;

De l'expédition du procès-verbal de la comparution, des dires et observations des parties, dressé en exécution de l'art. 244 du Code civil, à l'audience à huis clos de la première chambre du tribunal de premièreinstance séant à , le , et de l'ordonnance du tribunal rendue à l'audience publique du même jour, qui renvoie les parties à l'audience publique de la première chambre du tribunal qui sera tenue le , à dix heures du matin.

Pour original (*copie*),

(*Signature de l'avoué*).

(1) L'art. 245 ne prescrit la signification du procès verbal qu'à la partie non comparante ni représentée; néanmoins nous pensons que la signification même en ce cas sera utilement faite, le défendeur a intérêt a conserver pour l'utiliser dans les débats, le procès verbal qui contient les dires et observations si on ne le lui signifie il sera dans la nécessité d'en lever une expédition.

11. — Assignation au défendeur en audience publique à l'effet d'entendre prononcer le divorce, et subsidairement, d'entendre ordonner la preuve des faits allégués.

L'an mil huit cent. le à la requête etc., (*formule ordinaire de l'assignation*).

Signifié laissé copie de l'expédition du procès-verbal de la comparution des parties, à l'audience à huis-clos, en la chambre de ce tribunal, le , dressé en exécution de l'art. 244 du code civil et de l'ordonnance du tribunal, rendu à l'audience publique du même jour, qui renvoie les parties à l'audience publique de la chambre de ce tribunal. Et à même requête, élection de domicile et constitution d'avoué que dessus, j'ai, huissier, etc., etc., (*formule ordinaire des assignations*).

Attendu que, conformément aux dispositions de l'article 245 du Code civil, le tribunal, par ordonnance rendue le a renvoyé les parties à l'audience publique de la chambre et a ordonné la communication de la procédure au ministère public et a nommé M..., juge à ce tribunal, pour faire son rapport;

Que d'après les dispositions des articles 246 et 247 du Code civil, il a lieu après avoir entendu le juge commissaire en son rapport et M. le procureur de la République en ses conclusions, de statuer d'abord sur les fins de non recevoir que la partie défenderesse croirait pouvoir proposer, et, la demande en divorce étant admise, de statuer immédiatement au fond;

Que la procédure est régulière en la forme, et que les faits sur lesquels la partie demanderesse base son action, tombent sous l'application de l'article 229 (*ou* 230 : — *ou* : 231) du Code civil;

Par ces motifs, voir autoriser le divorce entre le demandeur et le défendeur, en conséquence voir autoriser le demandeur à se retirer devant l'officier de l'Etat civil pour le faire prononcer ;

Subsidiairement et pour le cas où les faits allégués ne paraitraient pas suffisamment établis, donner acte à la partie requérante de ce qu'elle offre de prouver par tous les moyens de droit et notamment par témoins les faits suivants;

1°

2°

3°

Voir autoriser la partie demanderesse à faire la preuve de ces faits, notamment par les témoins qui sont et seront dénommés par elle, voir fixer le jour et l'henre auxquels elle devra les présenter ; en cas de contestation s'entendre, condamner la partie défenderesse aux dépens ; déclarer le jugement à intervenir exécutoire par provision, nonobstant opposition ou appel et sans caution.

Pour original (*copie*).

---

12. — Jugement qui admet la demande en divorce et ordonne de faire la preuve des faits sur lesquels l'action est basée.

Le Tribunal,

Ouï M. juge en son rapport sur l'admission de la demande en divorce ;

Dans le cas où le jugement est par défaut : (V. form. 10).

Dans le cas où le jugement est contradictoire :

Ouï Me , avocat, demandeur assisté de Me , avoué et Me , avocat, du défendeur assisté de Me avoué.

Ouï M. , substitut du procureur de la République, en ses conclusions ;

Attendu qu'aucune fin de non recevoir n'a été proposée ;

Vu l'article 246 du Code civil ;

Admet la demande en divorce ; réserve les dépens.

Immédiatement après la prononciation de ce jugement, le juge commis fait son rapport sur l'admission du divorce, les avoués prennent des conclusions, le ministère public est entendu et le tribunal statue au fond.

Le Tribunal,

Ouï M. juge en son rapport sur le fond de la demande ; ouï, Me , avocat du demandeur assisté de Me , avoué et Me , avocat ; du défendeur, assisté de Me , avoué.

Ouï M. , substitut du Procureur de la République, en ses conclusions ;

Attendu que les faits allégués par le demandeur, pour établir son action en divorce, sont pertinents;

Ouï M. (*nom*), substitut du procureur de la République, en son avis ;

Attendu que (*les motifs*) ;

Rejette (admet) le reproche proposé ; en conséquence, dit que le témoin (*prénoms et nom*) sera (*ou* : ne sera pas) entendu ;

Ordonne que les témoins dont les noms précèdent (*s'il y a lieu* : à l'exception de M. (*prénoms et nom du témoin contre lequel le reproche a été admis*), seront entendus dans l'enquête fixée au

Ainsi jugé, etc.

(*Signatures du président et du greffier*).

---

13. — Jugement qui admet la demande en divorce et le divorce sans enquête

Le tribunal,

Ouï M.,.. juge en son rapport sur l'admission de la demande en divorce ;

Ouï M^e (*nom*), avoué du demandeur en ses conclusions ;

Ouï en ses conclusions M. (*nom*), substitut du procureur de la République ;

Attendu que le défendeur, quoique régulièrement assigné, ne comparaît pas ; ou, (*si le défendeur comparaît ou est représenté*,) oui, M..., avoué du défendeur en ses conclusions.

Attendu qu'aucune fin de non recevoir n'a été proposée ;

Vu l'art. 246 du Code civil ;

(*Si la procédure est par défaut.*) qu'il y a lieu d'admettre la demande en divorce.

Donne défaut contre le défendeur ;
Admet la demande en divorce.
Réserve les dépens.

Après la prononciation de ce jugement, le juge fait son rapport sur l'admission du divorce ; l'avoué du demandeur prend des conclusions et le ministère public conclut.

Le tribunal.

Ouï M. ... juge, en son rapport, sur l'admission du divorce ;

Ouï en ses conclusions M[e] (*nom*), avoué du demandeur ; (*si l'affaire est contradictoire*) oui en ses conclusions, M..., avoué du défendeur.

Ouï en ses conclusions M. (*nom*), substitut du procureur de la République ;

Si la procédure est par défaut Attendu que le défendeur quoique régulièrement assigné, ne comparaît pas ;

Attendu que (*les motifs spéciaux*) ;

Attendu que les faits sur lesquels le demandeur établit son action en divorce, sont justifiés et qu'il y a lieu de faire immédiatement droit au fond ;

(*Si la procédure est par défaut*) Donne défaut contre le défendeur ;

Admet le divorce entre (*prénoms et nom*) et (*prénoms et nom*) ; en conséquence, autorise le demandeur à se retirer devant l'officier de l'état civil pour le faire prononcer ; condamne le défendeur aux dépens.

Ainsi jugé etc.

(*Signatures du président et du greffier*).

14. — Qualités pour un jugement interlocutoire rendu par défaut qui admet le demandeur en divorce à la preuve des faits par lui allégués.

Audience du

Entre

1.

(*Comme dans les qualités ordinaires*).

Point de fait.

Le demandeur en personne, a présenté à M. le président du tribunal de première instance de une requête précisant les faits sur lesquels il entend motiver sa demande en divorce ;

Suivant procès-verbal en date du , ce magistrat a donné acte au demandeur de sa demande et a ordonné au bas de son procès-verbal, que les parties comparaîtraient devant lui, en son cabinet, au palais de justice, le , à heures , et qu'à cet effet, copie de son ordonnance serait par lui adre sée au défendeur, par , huissier-audiencier commis à cet effet.

En exécution de cette ordonnance, le défendeur a été. par exploit du dit huissier, en date du , assigné à comparaître en personne au jour et à l'heure indiqués, devant M. le président, en son cabinet, pour répondre aux faits énoncés en la requête dont s'agit, et entendre conjointement avec le demandeur, les représentations que ce magistrat croirait propres à opérer un rapprochement, et, s'il ne pouvait y parvenir, voir par lui dresser procès-verbal, ordonner la communication de la demande et des pièces au ministère public et le référé du tout au tribunal ;

M. le président n'ayant pu opérer un rapprochement entre les époux (*nom*), dressa le , procès-verbal de la comparution ; ordonna la communication de la demande et des pièces au ministère public et le référé du tout au tribunal ;

Sur ce référé, et après avoir entendu le ministère public en son avis, le tribunal accorda à l'audience publique de la .... chambre à la date du , la permission de citer ;

En vertu de la permission du tribunal, le demandeur a, par exploit de (*nom*), huissier à , en date du , a fait donner assignation au défendeur, à comparaître en personne, dans le délai de la loi à dix heures du matin, à l'audience à huit-clos de la .... chambre du tribunal de première instance séant à , pour (*énoncer les motifs de l'assignation*) entendre admettre le divorce entre le demandeur et le défendeur ; en conséquence, autoriser le demandeur à se retirer devant l'officier de l'état-civil pour le faire prononcer, et pour le cas ou le tribunal ne trouverait pas les faits suffisemént établis, lui voir donne acte de ce qu'il etc... (*comme dans la formule n°* 11) et s'entendre, le défendeur, condamner aux dépens.

Les délais de l'assignation étant expiré, la cause a été appelée à l'audience de la .... chambre tenue le ;

A l'audience à huis-clos tenue ce jour, le demandeur, présent en personne, a fait exposer les motifs de sa demande ; il a représenté les pièces à l'appui, et a nommé les témoins qu'il se propose de faire entendre ;

Il a été dressé procès-verbal de la comparution

des dires et observations du demandeur, et, l'audience ayant été rendue publique, le tribunal a renvoyé les parties à l'audience publique du , à dix heures du matin ; a ordonné la communication de la procédure au ministère public, et a commis M......le juge, pour faire rapport ;

Le demandeur était tenu de faire signifier au défendeur cette ordonnance du tribunal, dans le délai de jours ;

Cette ordonnance a été signifiée au défendeur, suivant exploit de (*nom*), huissier à , commis à cet effet, en date du

Au jour indiqué sur le rapport de M. le juge rapporteur, et M. (*nom*), substitut du procureur de la République, entendu, le tribunal a admis la demande en divorce ;

Immédiatement après l'admission de la demande en divorce, M. le juge commis a fait son rapport au fond ;

Me (*nom*), pour le demandeur, présent en personne à l'audience, a développé les fins de l'exploit introductif d'instance et en a demandé l'adjudication au tribunal.

Point de droit. En cet état, l'affaire présentait à juger les points suivants. (*Le reste comme dans les qualités ordinaires*).

(*Signature de l'avoué*).

15.— Qualités pour un jugement interlocutoire, rendu contradictoirement, qui admet le demandeur en divorce à la preuve des faits par lui allégués, et le défendeur à la preuve contraire.

Audience du

Entre 1° (*comme dans les qualités ordinaires*).

Point de fait. (*Le commencement comme dans la formule n°* 14.)

Après la relation de l'assignation, on continue :

Par acte d'avoué à avoué, en date du , Me (*nom*), avoué déclara se constituer pour le défendeur :

Le délai de l'ajournement étant expiré, la cause a été mise au rôle général du tribunal et distribuée à la chambre ; sur l'avenir donné par Me , avoué demandeur l'affaire est venue à l'audience de ce jour ;

A l'audience à huis clos. le demandeur présent en personne, a fait exposer les motifs de sa demande ; il a représenté les pièces à l'appui, et a nommé les témoins qu'il se propose de faire entendre ;

Le défendeur, présent en personne (*ou* : par l'organe de son avoué Me (*nom.*) a fait proposer ses observations, tant sur les motifs de la demande, que sur les pièces produites par le demandeur, et les témoins par lui nommés ;

Le défendeur a nommé de son côté, les témoins qu'il se propose de faire entendre, et sur lesquels le demandeur a fait ses observations (*ou* : n'a pas fait d'observations) ;

Il a été dressé procès-verbal des comparutions, des dires et observations des parties, et, le tribunal, l'audience ayant été rendue publique a renvoyé les parties à l'audience publique du   , à dix heures du matin ; a ordonné la communication de la procédure au ministère public, et a commis M.   juge, pour faire rapport ;

Cette ordonnance du tribunal a été notifiée au défendeur, par acte d'avoué à avoué, en date du   ;

Au jour indiqué, le tribunal, sur le rapport de M. le juge commissaire et après avoir entendu M. le substitut du procureur de la République, a admis la demande en divorce ;

Immédiatement après l'admission de la demande en divorce, M. le juge commis a fait son rapport au fond ;

Me (*nom de l'avoué*), du demandeur a, selon acte du palais, en date du   , signifié des conclusions tendantes à ce qu'il plut au tribunal (*copier le dispositif des conclusions*) ;

Me (*nom de l'avoué*), avoué du défendeur, a selon acte du palais en date du   , signifié des conclusions tendant à : (*le dispositif des conclusions*) ;

Point de droit.

(*Le reste comme dans les qualités ordinaires*).

Pour original (*copie*),

(*Signature de l'avoué*).

---

16. — Qualités d'un jugement contradictoire qui admet le divorce après enquête.

Audience du

Entre 1° (*Comme dans les qualités ordinaires*). Point de fait.

Par jugement interlocutoire rendu par la chambre du tribunal de première instance de , le , le tribunal, avant faire droit, a ordonné au demandeur de prouver par tous moyens légaux et même par témoins, les faits énoncés dans ledit jugement ; a réservé au défendeur la preuve contraire ; a fixé pour les enquêtes l'audience du , à heures , et a réservé les dépens ;

Ce jugement a été signifié au défendeur, par acte d'avoué à avoué, en date du

En exécution de ce jugement, le demandeur à fait procéder à l'enquête directe, à l'audience à huis clos de la chambre en date du

Le défendeur a fait procéder à l'enquête contraire, à l'audience à huis clos de la chambre, en date du (ou : le défendeur n'ayant pas produit de témoins, il n'a pas été procédé à l'enquête contraire) ;

L'audience ayant été rendue publique, le tribunal a renvoyé les parties à l'audience publique du à heures , a ordonné la communication de la procédure au ministère public ; a commis rapporteur M... juge, a ordonné au demandeur de faire signifier cette ordonnance dans le délai de , et a réservé les dépens ;

Le procès-verbal de l'enquête directe et l'ordonnance rendue à la suite, ont été signifiés au défendeur, par acte d'avoué à avoué, en date du

La contre-enquête a été signifiée au demandeur, par acte d'avoué à avoué, suivant acte du palais, en date du

(*Analyser ici les conclusions qui ont pu être signifiées de part et d'autre*).

A l'audience de ce jour, M. juge, ayant fait son rapport, les avocats des parties assistés de leurs avoués, ont repris et développé les conclusions et en ont demandé l'adjudication chacun au profit de son client. (*Le reste comme dans les qualités ordinaires.*)

---

17. — Requête à l'officier de l'état civil afin d'indication de jour et d'heure pour la prononciation du divorce.

(*Prénoms, nom, profession et domicile*), représenté par Me (*nom*), avoué, domicilié à , rue , no ;

A l'honneur de vous exposer que, par jugement rendu par la première chambre du tribunal de première instance séant à , le , le tribunal a admis le divorce entre l'exposant et (*prénoms, nom, profession et domicile*), et l'a autorisé à se retirer devant l'officier de l'état civil, pour le faire prononcer :

Que ce jugement a été signifié au défendeur, par exploit de (*nom*), huissier à , en date du ;

Que ce jugement est passé en force de chose jugée, ainsi que cela résulte : 1° d'un certificat délivré par l'avoué soussigné, le , enregistré à , le , vol. , fol. case , au droit de , par le receveur qui a perçu les droits (*nom*) ; 2° d'un certificat délivré par le greffier du tribunal de première instance de , le , enregistré ;

Qu'aujourd'hui l'exposant désire faire procéder à l'exécution du jugement dont il s'agit ;

Par ces motifs, l'exposant vous prie, Monsieur l'Officier de l'état civil, de vouloir indiquer le lieu, le jour et l'heure auxquels il sera par vous procédé à la prononciation du divorce, admis par le jugement ci-dessus mentionné, la partie défenderesse appelée.

(*Signature de l'avoué.*)

---

18. — Ordonnance de l'officier de l'état civil fixant lieu, jour et heure, pour la prononciation du divorce.

Nous, Officier de l'état civil (*de la ville ou de la commune*) de ;

Vu la présente requête et les pièces à l'appui ;

Fixons le , à heures , en la salle des mariages de l'hôtel de ville (*de la maison communale*), aux fins énoncées en la requête, la partie défenderesse dûment appelée.

. . . . , le .

(*Signature de l'officier de l'état civil*).

19. — Sommation à la partie défenderesse d'assister à la prononciation du divorce.

L'an, le ;

A la requête de M. (*prénoms, nom, profession et domicile*), pour lequel domicile est élu en l'étude de Me (*nom*), avoué au tribunal de première instance de , y demeurant rue , n° ;

En vertu d'une ordonnance rendue sur requête par M. l'officier de l'état civil (*de la ville ou de la commune*) de , le , desquelles requête et ordonnance il est donné copie en tête des présentes.

J'ai, (*prénoms, nom, immatricule et domicile de l'huissier*), soussigné, fait sommation à M. (*prénoms, nom, profession et domicile*), étant en son domicile et y parlant à ;

A comparaître le , à heures , en la salle des mariages de l'hôtel-de-ville de la maison communale de , devant l'officier de l'état civil *de cette ville* (*de cette commune*), pour entendre prononcer par ce magistrat, le divorce admis entre parties, suivant jugement rendu par le tribunal de première instance de , le ;

Lui déclarant qu'il y sera procédé tant en absence que présence.

Et je lui ai, en parlant comme ci-dessus, laissé copie desdites requête et ordonnance, et du présent exploit, dont le coût est de .

(*Signature de l'huissier*).

20. — Acte de divorce

L'an mil huit cent, le , heure de , par devant nous officier de l'état civil de la ville (ou de la commune de) ;

A comparu M. (*prénoms, nom, profession et domicile*), lequel nous a déclaré que, suivant jugement rendu par la chambre du tribunal de première instance de , le , (*s'il y a lieu* : confirmé par arrêt rendu par la Cour d'appel de , le), le tribunal a admis le divorce entre le comparant et M. (*prénoms, nom, profession et domicile*), et l'a autorisé à se retirer devant l'officier de l'état civil pour le faire prononcer ;

En conséquence, le comparant nous a requis de prononcer la dissolution de son mariage avec M. (*prénoms et nom*), contracté devant l'officier de l'état civil de la commune de , le ;

Et il a produit et déposé les pièces suivantes ;

1. L'expédition, en forme exécutoire, du jugement (*s'il y a lieu* : et de l'arrêt ci-dessus mentionné) ;

2. L'original d'un acte d'avoué à avoué de ...., en date du , contenant signification à Me (*nom*), avoué de M. (*nom*), du jugement dont s'agit ;

3. L'original d'un exploit du ministère de (*nom*), huissier à , en date du , contenant signification dudit jugement à M. (*nom*) ;

4. Un certificat délivré par Me (*nom*), avoué du comparant, le , enregistré à , le , vol. , fol. , case ,

constatant la signification du jugement dont s'agit, à M. (*prénoms et nom*);

5. Un certificat délivré par le greffier du tribunal de première instance de , le , enregistré, à , le , constatant qu'il n'existe contre ledit jugement ni opposition ni appel ;

6. Un extrait de l'acte de naissance de M. (*prénoms et nom*) ;

7. Une copie de l'acte de mariage des époux (*nom*);

8. L'original d'un exploit du ministère de (*nom*), huissier à , en date du , contenant sommation à M. (*prénoms et nom*), de se trouver en ce lieu, à ce jour et à cette heure, pour être présent à la prononciation du divorce ;

Sur quoi,

Nous officier de l'état civil,

Vu les pièces ci-dessus mentionnées, que nous avons paraphées avec le comparant, et qui resteront annexées au présent registre ;

Attendu qu'il en résulte que le jugement dont s'agit n'est plus susceptible d'aucun recours, que le délai de deux mois, fixé par les articles 264, 265 et 266 du Code civil, n'est pas expiré ;

Faisant droit à la réquisition du comparant, déclarons, au nom de la loi, que le mariage entre M. (*prénoms, nom, profession, domicile et âge*) et M. (*prénoms, nom, profession, domicile et âge*), est dissous par l'effet du divorce admis par le jugement du tribunal de première instance séant à , en date du ;

Dont acte, dressé en présence de (*prénoms, nom, profession et domicile des quatre témoins*), lesquels ont signé avec nous et les comparants, après lecture (*ou* : lesquels ont signé avec nous et le comparant M. (*nom*) ayant fait défaut, après lecture).

(*Signatures*)

---

21. — Mention à faire sur les registres de l'état civil, en marge de l'acte de mariage des époux divorcés.

Le mariage ci-contre est dissous par l'effet du divorce admis par jugement rendu par le tribunal de première instance séant à , le , (*s'il y a lieu* : confirmé par la Cour d'appel séant à , le ,) et prononcé par l'officier de l'état civil de , (*ou* ; par moi, officier de l'état civil de), le .

(*Signature de l'officier de l'état civil.*)

APPENDICE

Texte de la Loi sur le Divorce du 29 juillet 1884 complétée par les articles du Titre VI du Code civil rétablis par cette Loi

Article Premier

La loi du 8 mai 1816 est abrogée.

Les dispositions du Code civil abrogées par cette loi sont rétablies, à l'exception de celles qui sont relatives au divorce par consentement mutuel, et avec les modifications suivantes, apportées aux articles 230, 232, 234, 235, 261, 263, 295, 296, 298, 299, 306, 307 et 310.

CODE CIVIL

LIVRE Ier, TITRE V, CHAPITRE VII

De la dissolution du mariage

Art. 227. — Le mariage se dissout :

1° Par la mort de l'un des époux ;

2° Par le divorce légalement prononcé.

CHAPITRE VIII

Des seconds mariages

ART. 228. — La femme ne peut contracter un nouveau mariage qu'après dix mois révolus depuis la dissolution du mariage précédent.

TITRE SIXIÈME

Du Divorce

CHAPITRE PREMIER. — *Des causes du Divorce.*

ART. 229. — Le mari pourra demander le divorce pour cause d'adultère de sa femme.

ART. 230. — La femme pourra demander le divorce pour cause d'adultère de son mari.

ART. 231. — Les époux pourront réciproquement demander le divorce pour excès, sévices ou injures graves de l'un deux envers l'autre.

ART. 232. — La condamnation de l'un des époux à une peine afflictive et infamante sera pour l'autre époux une cause de divorce.

ART. 233. — *Abrogé*

CHAPITRE II

De la procédure du divorce

SECTION PREMIÈRE. — *Des formes du divorce.*

ART. 234. — La demande en divorce ne pourra être formée qu'au tribunal de l'arrondissement dans lequel les époux auront leur domicile.

Art. 235. — Si quelques-uns des faits allégués par l'époux demandeur donnent lieu à une poursuite criminelle de la part du ministère public, l'action en divorce restera suspendue jusqu'après la décision de la juridiction répressive : alors elle pourra être reprise sans qu'il soit permis d'inférer de cette décision aucune fin de non-recevoir ou exception préjudicielle contre l'époux demandeur.

Art. 236. — Toute demande en divorce détaillera les faits : elle sera remise, avec les pièces à l'appui, s'il y en a, au président du tribunal ou au juge qui en fera les fonctions, par l'époux demandeur en personne, à moins qu'il n'en soit empêché par la maladie ; auquel cas, sur sa réquisition et le certificat de deux docteurs en médecine ou en chirurgie, ou de deux officiers de santé, le magistrat se transportera au domicile du demandeur pour y recevoir sa demande.

Art. 237. — Le juge, après avoir entendu le demandeur et lui avoir fait les observations qu'il croira convenables, paraphera la demande et les pièces. et dressera procès-verbal de la remise du tout en ses mains. Ce procès-verbal sera signé par le juge et par le demandeur, à moins que celui-ci ne sache ou ne puisse signer ; auquel cas il en sera fait mention.

Art. 238. — Le juge ordonnera, au bas de son procès-verbal, que les parties comparaîtront en personne devant lui, au jour et à l'heure qu'il indiquera, et qu'à cet effet copie de son ordonnance sera par lui adressée à la partie contre laquelle le divorce est demandé.

Art. 239. — Au jour indiqué, le juge fera aux deux époux, s'ils se présentent, ou au demandeur, s'il est seul comparant, le représentations qu'il croira propres à opérer un rapprochement ; s'il ne peut y parvenir, il en dressera procès-verbal et ordonnera la communication de la demande et des pièces au ministère public, et le référé du tout au tribunal.

Art. 240. — Dans les trois jours qui suivront, le tribunal, sur le rapport du président ou du juge qui en aura fait les fonctions, et sur les conclusions du ministère public, accordera ou suspendra la permission de citer. La suspension ne pourra excéder le terme de vingt jours.

Art. 241. — Le demandeur en vertu de la permission du tribunal fera citer le défendeur dans la forme ordinaire à comparaître en personne à l'audience à huis-clos dans le délai de la loi. Il fera donner copie en tête de la citation de la demande en divorce et des pièces produites à l'appui.

Art. 242. — A l'échéance du délai, soit que le défendeur comparaisse ou non, le demandeur en personne, assisté d'un conseil, s'il le juge à propos, exposera ou fera exposer les motifs de sa demande; il représentera les pièces qui l'appuient et nommera les témoins qu'il se propose de faire entendre.

Art. 243. — Si le défendeur comparait en personne ou par un fondé de pouvoir, il pourra proposer ou faire proposer ses observations, tant sur les motifs de la demande que sur les pièces produites par le demandeur et sur les témoins par lui nommés. Le défendeur nommera, de son côté, les témoins qu'il se propose de faire entendre et sur lesquels le demandeur fera réciproquement ses observations.

Art. 244. — Il sera dressé procès-verbal des comparutions, dires et observations des parties, ainsi qu des aveux que l'une ou l'autre pourra faire ; lecture de ce procès-verbal sera donnée aux dites parties, qui seront requises de le signer, et il sera fait mention exresse de leur signature ou de leur déclaration de ne pouvoir ou ne vouloir signer.

Art. 245. — Le tribunal renverra les parties à l'audience publique, dont il fixera le jour et l'heure; il ordonnera la communication de la procédure au ministère public, et commettra un rapporteur. Dans le cas où le défendeur n'aurait pas comparu, le demandeur sera tenu de lui faire signifier l'ordonnance du tribunal dans le délai qu'elle aura déterminé.

ART. 246. — Au jour et à l'heure indiqués sur le rapport du juge commis, le ministère public entendu, le tribunal statuera d'abord sur les fins de non-recevoir s'il en a été proposé. En cas qu'elles soient trouvées concluantes, la demande en divorce sera rejetée ; dans le cas contraire, ou s'il n'a pas été proposé de fin de non-recevoir, la demande en divorce sera admise.

ART. 247. — Immédiatement après l'admission de la demande en divorce, sur le rapport du juge commis, le ministère public entendu, le tribunal statuera au fond. Il fera droit à la demande si elle lui paraît en état d'être jugée : sinon, il admettra le demandeur à la preuve des faits pertinents par lui allégués et le défendeur à la preuve contraire.

ART. 248. — A chaque acte de la cause, les parties pourront, après le rapport du juge, et avant que le ministère public ait pris la parole, proposer ou faire proposer leurs moyens respectifs, d'abord sur les fins de non-recevoir et ensuite sur le fond. Mais en aucun cas le conseil du demandeur ne sera admis si le demandeur n'est pas comparant en personne.

ART. 249. — Aussitôt après la prononciation du jugement qui ordonera les enquêtes, le greffier du tribunal donnera lecture de la partie du procès-verbal qui contient la nomination déjà faite des témoins que les parties se proposent de faire entendre. Elles seront averties par le président qu'elles peuvent encore en désigner d'autres, mais qu'après ce moment elles n'y seront plus reçues.

ART. 250. — Les parties proposeront de suite leurs reproches respectifs contre les témoins qu'elles voudront écarter. Le tribunal statuera sur ces reproches, après avoir entendu le ministère public.

ART. 251. — Les parents des parties, à l exception de leurs enfants et descendants, ne sont pas reprochables du chef de la parenté, non plus que les domestiques des époux, en raison de cette qualité; mais le tribunal aura tel égard que de raison aux dépositions des parents et des domestiques.

ART. 252. — Tout jugement qui admettra une preuve testimoniale dénommera les témoins qui seront entendus, et déterminera le jour et l'heure auxquels les parties devront les présenter.

ART. 253. — Les dépositions des témoins sont reçues par le tribunal séant à huis-clos, en présence du ministère public, des parties et de leurs conseils ou amis, jusqu'au nombre de trois de chaque côté.

ART. 254. — Les parties, par elles ou par leurs conseils, pourront faire aux témoins telles observations et interpellations qu'elles jugeront à propos, sans pouvoir néanmoins les interrompre dans le cours de leurs dépositions.

ART. 255. — Chaque déposition sera rédigée par écrit, ainsi que les dires et observations auxquels elle aura donné lieu. Le procès-verbal d'enquête sera lu tant aux témoins qu'aux parties : les uns et les autres seront requis de le signer, et il sera fait mention de leur signature ou de leur déclaration qu'ils ne peuvent ou ne veulent signer.

ART. 256. — Après la clôture des deux enquêtes, ou de celle du demandeur, si le défendeur n'a pas produit de témoins, le tribunal renverra les parties à l'audience publique dont il indiquera le jour et l'heure ; il ordonnera la communication de la procédure au ministère public et commettra un rapporteur. Cette ordonnance sera signifiée au défendeur, à la requête du deamudəur, dans le délai qu'elle aura déterminé.

ART. 257. — Au jour fixé pour le jugement définitif, le rapport sera fait par le juge commis ; les parties pourront ensuite faire, par elles-mêmes ou par l'organe de leurs conseils, telles observations qu'elles jugeront utiles à leur cause, après quoi le ministère public donnera ses conclusions.

Art. 258. — Le jugement définitif sera prononcé publiquement : lorsqu'il admettra le divorce, le demandeur sera autorisé à se retirer devant l'officier de l'état civil pour le faire prononcer.

Art. 259. — Lorsque la demande en divorce aura été formée pour cause d'excès, de sévices ou d'injures graves, encore qu'elle soit bien établie, les juges pourront ne pas admettre immédiatement le divorce. Dans ce cas, avant de faire droit, ils autoriseront la femme à quitter la compagnie de son mari, sans être tenue de le recevoir si elle ne le juge pas à propos, et ils condamneront le mari à lui payer une pension alimentaire proportionnée à ses facultés si la femme n'a pas elle-même des revenus suffisants pour fournir à ses besoins.

Art. 260. — Après une année d'épreuve, si les parties ne se sont pas réunies, l'époux demandeur pourra faire citer l'autre époux à comparaître au tribunal, dans les délais de la loi, pour y entendre prononcer le jugement définitif qui, alors, admettra le divorce.

Art. 261. — Lorsque le divorce sera demandé par la raison qu'un des époux est condamné à une peine afflictive et l'infamante, les seules formalités à observer consisteront à présenter au tribunal de première instance une expédition en bonne forme de la décision portant condamnation, avec un certificat du greffier constatant que cette décision n'est plus susceptible d'être réformée par les voies légales ordinaires. Le certificat du greffier devra être visé par le procureur de la République.

Art. 262. — En cas d'appel du jugement d'admission ou du jugement définitif rendu par le tribunal de première instance en matière de divorce, la cause sera instruite et jugée par la cour comme affaire urgente.

Art. 263. — L'appel ne sera recevable qu'autant qu'il aura été interjeté dans les deux mois à compter du jour de la signification du jugement rendu contradictoirement ou par défaut.

Art. 264. — En vertu de tout jugement rendu en dernier ressort ou passé en force de chose jugée qui autorisera le divorce, l'époux qui l'aura obtenu sera obligé de se présenter, dans le délai de deux mois, devant l'officier de l'état civil, l'autre partie dûment appelée pour faire prononcer le divorce.

Art. 265. — Ces deux mois ne commenceront à courir à l'égard des jugements de première instance qu'après l'expiration du délai d'appel : à l'égard des arrêts rendu par défaut en cause d'appel, qu'après l'expiration du délai d'opposition ; et à l'égard des jugements contradictoires en dernier ressort, qu'après l'expiration du délai du pourvoi en cassation.

Art. 266. — L'époux demandeur qui aurait laissé passer le délai de deux mois ci-dessus déterminé sans appeler l'autre époux devant l'officier de l'état civil sera déchu du bénéfice du jugement qu'il avait obtenu, et ne pourra reprendre son action en divorce, sinon pour cause nouvelle, auquel cas il pourra néanmoins faire valoir les anciennes causes.

Section II. — *Des mesures provisoires auxquelels peut donner lieu la demande en divorce.*

Art. 267.— L'administration provisoire des enfants restera au mari demandeur ou defendeur en divorce, à moins qu'il n'en soit autrement ordonné par le tribunal, sur la demande soit de la mère, soit de la famille, ou du ministère public, pour le plus grand avantage des enfants.

Art. 268. — La femme demanderesse ou défenderesse en divorce pourra quitter le domicile du mari. pendant la poursuite et demander une pension alimentaire proportionnée aux facultés du mari. Le tribunal indiquera la maison dans laquelle la femme sera tenue de résider et fixera, s'il y a lieu, la provision alimentaire que le mari sera obligé de lui payer.

Art. 269. — La femme sera tenue de justifier de sa résidence dans la maison indiquée toutes les fois qu'elle en sera requise ; à défaut de cette justification, le mari pourra refuser la provision alimentaire et, si la femme est demanderesse en divorce, la faire déclarer non recevable à exercer ses poursuites.

Art. 270. — La femme commune en biens demanderesse ou défenderesse en divorce pourra en tout état de cause, à partir de l'ordonnance dont il est fait mention en l'art 238, requérir pour la conservation de ses droits l'apposition des scellés sur les effets mobiliers de la communauté. Ces scellés ne sont levés qu'en faisant inventaire avec prisée, et a la charge par le mari, de représenter les choses inventoriées ou de répondre de leur valeur comme gardien judiciaire.

Art. 271. — Toute obligation contractée par le mari à la charge de la communauté, toute aliénation par lui faite des immeubles qui en dépendent, postérieurement à la date de l'ordonnance dont il est fait mention en l'article 238, sera déclarée nulle s'il est prouvé, d'ailleurs, qu'elle ait été faite ou contractée en fraude des droits de la femme.

Section III. — *Des fins de non-recevoir contre l'action en divorce*

Art. 272. — L'action en divorce sera éteinte par la réconciliation des époux survenue, soit depuis les faits qui auraient pu autoriser cette action, soit depuis la demande en divorce.

Art. 273. — Dans l'un ou l'autre cas, le demandeur sera déclaré non recevable dans son action; il pourra néanmoins en intenter une nouvelle pour cause survenue depuis la réconciliation, et alors faire usage des anciennes causes pour appuyer sa nouvelle demande.

Art. 274. — Si le demandeur en divorce nie qu'il y ait eu réconciliation, le défendeur en fera preuve, soit par écrit, soit par témoins, dans la forme prescrite, en la première section du présentchapitre.

CHAPITRE III

Du divorce par consentement mutuel

Les articles 275 à 294 inclus, *abrogés.*

CHAPITRE IV

Des effets du divorce

Art. 295. — Les époux divorcés ne pourront plus se réunir si l'un ou l'autre a, postérieurement au divorce, contracté un nouveau mariage suivi d'un nouveau divorce. Au cas de réunion des époux, une nouvelle célébration du mariage sera nécessaire.

Les époux ne pourront adopter un régime matrimonial autre que celui qui réglait originairement leur union.

Après la réunion des époux, il ne sera reçu de leur part aucune nouvelle demande de divorce, pour quelque cause que ce soit, autre que celle d'une condamnation à une peine afflictive et infamante prononcée contre l'un deux depuis leur réunion.

Art. 296. — La femme divorcée ne pourra se remarier que dix mois après que le divorce sera devenu définitif.

Art. 297. — *Abrogé.*

Art. 298. — Dans le cas de divorce admis en justice pour cause d'adultère, l'époux coupable ne pourra jamais se marier avec son complice.

Art. 299. — L'époux contre lequel le divorce aura été prononcé perdra tous les avantages que l'autre époux lui avait faits, soit par contrat de mariage, soit depuis le mariage.

Art. 300. — L'époux qui aura obtenu le divorce conservera les avantages à lui faits par l'autre époux, encore qu'ils aient été stipulés réciproques et que la réciprocité n'ait pas lieu.

Art. 301. — Si les époux ne s'étaient fait aucun avantage, ou si ceux stipulés ne paraissaient pas suffisants pour assurer la subsistance de l'époux qui a obtenu le divorce, le tribunal pourra lui accorder, sur les biens de l'autre époux, une pension alimentaire qui ne pourra excéder le tiers des revenus de cet autre époux. Cette pension sera révocable dans le cas où elle cesserait d'être nécessaire.

Art. 302. — Les enfants seront confiés à l'époux qui aura obtenu le divorce, à moins que le tribunal, sur la demande de la famille ou du ministère public, n'ordonne, pour le plus grand avantage des enfants, que tous ou quelques-uns d'entre eux seront confiés aux soins, soit de l'autre époux, soit d'une tierce personne.

Art. 303. — Quelle que soit la personne à laquelle les enfants seront confiés, les père et mère conserveront respectivement le droit de surveiller l'entretien et l'éducation de leurs enfants, et seront tenus d'y contribuer à proportion de leurs facultés.

Art. 304. — La dissolution du mariage par le divorce admis en justice ne privera les enfants nés de ce mariage d'aucun des avantages qui leur étaient assurés par les lois ou par des conventions matrimoniales de leur père et mère ; mais il n'y aura d'ouverture aux droits des enfants que de la même manière et dans les mêmes circonstances où ils se seraient ouverts s'il n'y avait pas eu de divorce.

Art. 305. — *Abrogé*.

CHAPITRE V

De la séparation de corps

Art. 306. — Dans le cas où il y a lieu à demande en divorce, il sera libre aux époux de former une demande en séparation de corps.

Art. 307 — Elle sera intentée, instruite et jugée de la même manière que toute autre action civile.

Art. 308 et 309. — *Abrogés.*

Art. 310. — Lorsque la séparation de corps aura duré trois ans, le jugement pourra être converti en jugement de divorce sur la demande formée par l'un des époux.

Cette nouvelle demande sera introduite par assignation à huit jours francs en vertu d'une ordonnance rendue par le président.

Elle sera débattue en chambre du conseil.

L'ordonnance nommera un juge rapporteur, ordonnera la communication au ministère public et fixera le jour de la comparution.

Le jugement sera rendu en audience publique.

Sont abrogés les articles 233, 275 à 294, 297, 305, 308 et 309 du Code civil.

Art. 311. — La séparation de corps emportera toujours séparation de biens.

Article 2.

Le paragpaphe ajouté à l'art. 312 du code civil, par la loi du 6 décembre 1850, est modifié comme il suit :

TITRE VII

Art. 312. — En cas de jugement ou même de demande soit de divorce, soit de séparation de corps, le mari pourra désavouer l'enfant qui sera né trois cents jours après la décision qui aura autorisé la femme à avoir un domicile séparé, et moins de cent quatre-vingts jours depuis le rejet définitif de la demande, ou depuis la réconciliation. L'action en désaveu ne sera pas admise s'il y a eu réunion de fait entre les époux.

Article 3.

La reproduction des débats sur les ins-tances en divorce ou en séparation de corps est interdite sous peine de l'amende édictée par l'article 39 de la loi du 30 juillet 1881.

Article 4.

(*Dispositions transitoires.*)

Les instances en séparation de corps pendantes au moment de la promulgation de la présente loi pourront être converties par les demandeurs en instance de divorce. Cette conversion pourra être demandée même en cour d'appel.

La procédure spéciale au divorce sera suivie, à partir du dernier acte valable, de la procédure en séparation de corps.

Pourront être convertis en jugements de divorce, comme il est dit à l'article 310, tous jugements de séparation de corps devenus définitifs avant ladite promulgation

Article 5.

La présente loi est applicable à l'Algérie et aux colonies de la Martinique, de la Guadeloupe et de la Réunion.

TABLE DES MATIÈRES

CONTENUES

DANS CE VOLUME

Pages.

CHAPITRE II. — Compétence.

Section première. — Règles générales.

Section deuxième. — Règles spéciales au cas de condamnation à une peine afflictive et infamante.

CHAPITRE III. — Procédure proprement dite.

Section première. — Procédures spéciales.

Section deuxième. — Procédure ordinaire du divorce.

§ 1er. — Procédure préliminaire.

CHAPITRE V. — Des fins de non-recevoir à l'action en divorce.

CHAPITRE VI. — Des demandes reconventionnelles.

CHAPITRE VII. — De la prononciation du Divorce

Appendice au livre II.

LIVRE III. — Des effets du divorce

CHAPITRE II. — Des effets du divorce, quant aux époux.

CHAPITRE III. — Des effets du divorce quant aux enfants.

SECTION PREMIÈRE. — Des droits des père et mère.

CHAPITRE IV. — Des effets du divorce quant aux biens.

SECTION PREMIÈRE. — Révocation des donations.

FORMULAIRE PARTICULIER

à la procédure du divorce

APPENDICE

FIN DE LA TABLE.

Paris. — Imp. L. GUERIN et Cie, 26, rue des Petits-Carreaux

www.ingramcontent.com/pod-product-compliance
Lightning Source LLC
Chambersburg PA
CBHW071346280326
41927CB00039B/1951

9782012629790